KB262511

세상을 위한 학문을 하라

인물로 읽는 한국사 4
세상을 위한 학문을 하라

저자_ 이이화

1판 1쇄 인쇄_ 2008. 8. 11.
1판 1쇄 발행_ 2008. 8. 14.

발행처_ 김영사
발행인_ 박은주

등록번호_ 제406-2003-036호
등록일자_ 1979. 5. 17.

경기도 파주시 교하읍 문발리 출판단지 515-1 우편번호 413-756
마케팅부 031)955-3100 편집부 031)955-3250 팩시밀리 031)955-3111

값은 뒤표지에 있습니다.
ISBN 978-89-349-3059-4 04900
      978-89-349-2814-0 (세트)

독자의견 전화_ 031)955-3200
홈페이지_ http://www.gimmyoung.com
이메일_ bestbook@gimmyoung.com

좋은 독자가 좋은 책을 만듭니다.
김영사는 독자 여러분의 의견에 항상 귀 기울이고 있습니다.

세상을 위한 학문을 하라

이이화 지음

김영사

역사의 주역은 누구인가

　역사인물의 발자취를 따라가는 일은 흥미롭고 재미있다. 그들을 통해 한 시대사의 흐름을 알 수 있고, 여러 유형의 인간이 어우러져 사는 모습도 들여다볼 수 있다. 그래서 인물로 읽는 역사책이 사건으로 이어진 역사책보다 더 흥미를 유발하는 것이다.

　흔히 인물이 역사를 만들고 시대가 영웅을 낳는다고 한다. 어김없는 사실이다. 하지만 근대역사학에서는 이러한 생각을 비판적으로 본다. 역사의 주역을 어느 계층으로 보는가에 따라 평가가 달라지기도 하고, 누구를 위한 영웅인가에 따라 바라보는 눈이 달라질 수 있다는 것이다. 그리고 시대 상황에 따라 객관적 평가의 잣대는 얼마든지 달라질 수 있다.

　필자는 한국사를 공부하면서 역사인물에 대한 탐구를 멈추지 않고 그들의 역할과 업적을 여러모로 따져보았다. 그리하여 역사 속 인물에 대한 평가에 절대적인 기준이 있는 것이 아니라는 점을 곱씹었다. 정말로 진실은 어디에도 없다. 어느 시대에는 아주 막돼먹은 인물로 치부되었더라도 시대적인 안목에 따라 평가 기준이 달라지기도 한다.

　우리 역사의 경우에도 예외는 아니다. 왕조시대에는 체제에 순응하여 충신으로 추앙받았던 인물이 오늘날에 와서는 그 이면

이 재조명되고 있는가 하면, 왕조시대에 역적으로 몰려 죽었으나 그의 저항이나 개혁의지가 오늘날에는 시대정신을 구현했다 해서 높이 평가받기도 한다. 충신으로 추앙받았던 성삼문, 역적으로 몰려 죽은 허균이 이 시대에도 여전히 충신, 역적일 수만은 없다는 뜻이다.

필자는 역사인물을 기술하면서 예전의 어떤 기준을 맹목적으로 따르지 않았다. 필자 나름의 가치판단에 따라 기술했다. 그에 따라 김방경, 정여립, 광해군, 강홍립, 정인홍, 허균, 장혼, 이필제, 전봉준 등 재조명 작업이 필요한 인물과 이름이 별로 알려져 있지 않은 인물들의 이야기를 열심히 써왔다. 물론 그 중에는 긍정적인 인물도 있고, 부정적인 인물도 있다.

그러나 한편으로는 아무리 그 인물의 의식과 행동을 높이 평가하더라도 자료가 부족하거나 제한적이어서 약전略傳조차 제대로 쓰기가 어려운 인물도 많았다. 당나라와 맞서 나라를 지킨 을지문덕, 지도 제작에 일생을 바친 김정호가 그러하며, 신분사회 속에서 그 한계를 극복하고 의학, 과학, 예술 등 한 분야에서 뛰어난 업적을 남긴 허다한 인물들의 사례가 그러하다.

이렇게 모은 약전 형식의 역사인물 전기가 어느덧 한국사 전

시대를 통틀어 260여 명을 헤아리게 되었다. 이 글들을 다시 수정하고 보충하여 집대성해보니 원고지 1만 매가 넘는 방대한 분량이 되었다. 원고를 주제별로 분류해보니 제왕, 위정자, 변혁을 꿈꾼 혁명가, 의학·과학자, 문학가, 예술가, 사상가, 실학자, 종교가, 개화기 지식인, 동학농민전쟁 지도자, 국내외 독립운동가, 한국사의 명장면을 연출한 라이벌과 동반자, 광복 이후 해방공간의 정치가와 현대사의 주역들 등 자연스럽게 '인물로 읽는 한국역사'가 되었다. 필자가 이미 펴낸 『한국사이야기』와 더불어 짝을 이룬 셈이다.

이 시리즈의 네 번째 권으로 펴내는 『세상을 위한 학문을 하라』에는 사상가와 실학자 23인의 삶을 추적한 글을 모았다. 여기에 담긴 학자와 사상가의 성향은 대체로 세 부류로 나눌 수 있다.

첫째는 순수하게 사상 탐구에 열중하거나 전통적 학문 이론에 치중한 부류이다. 김부식, 이언적, 이황 등을 들 수 있다. 이들은 대체로 전통적 주자학에 열중했으나 이를 더욱 발전시켜 나름의 이론을 개발하기도 했다.

둘째는 새로운 학문경향에 몰입해 그 발현에 힘쓰고 이론을 소개한 부류이다. 서경덕, 이수광, 최한기 등이 여기에 속한다. 이들은 그들이 살던 시대정신에 충실하면서 새로운 사상에 접근했다.

셋째는 현실의 모순을 타개하려는 의지에 불타 현실개혁에 앞장선 인물들이다. 유형원, 이익을 비롯해 박지원, 정약용 등을 꼽을 수 있다. 이들은 조선 후기의 실학자들로, 이 책의 주류를 이룬다. 조선 후기는 사상이 혼돈되고 사회가 유리되는 시대였다. 이들은 그 시대정신에 충실해 몸으로 부딪쳐가면서 많은 개혁이론을 내놓았다. 따라서 민족사상을 통해 그 시대의 모순을 풀어보려는 의지에 충만해 있었음을 알 수 있다.

이들은 정치가나 문인, 예술가보다는 삶이 평탄했다고 볼 수 있으나 내면의 성찰이나 고민은 더 컸을 것이다. 그러니 이야기는 흥미진진하기보다 진지하고 자기 성찰의 의미가 더욱 부각될 것이다.

임진강 가의 서실에서

이이화 쓰다

1부

민족사상사의
큰 물결

김부식/　　일 연/　　서경덕/　　이언적/

『삼국사기』는 오늘날 전해지는 유일한 정사 삼국사이기는 하지만 사가史家가 멋대로 재단하고 왜곡한 상처투성이의 조각품이다. 반면 『삼국유사』는 정사와 야사가 뒤섞인 책이지만 우리 민족의 원형을 고이 간수해 전해주는 자연의 암석과 같다. 우리는 이 책에서 고대인의 숨결을 느끼고 풋풋한 냄새를 맡는다. 그리고 한 사상가가 몸소 겪어낸 시대적 고뇌와 민족의식을 접한다.

김부식
『삼국사기』를 지어 올린 두 가지 뜻

묘청의 난을 진압하고 공신이 되다

김부식金富軾(1075~1151)은 우리 역사에서 너무나도 유명한 인물이다. 그러나 그를 두고 좋게 평가하지만은 않는다. 그는 정치가, 문인 또는 유학자, 역사학자 등 여러 역할을 했다. 여러 분야에서 공적을 쌓았던 것이다.

김부식은 고려가 건국해 여러 가지 문물이 정비된 지 1백여 년 뒤에 태어나서 활약한 명신이다. 그의 증조할아버지인 김위영은 왕건에게 충성을 바친 공로로 경주의 주장州長이 되어 경주를 다스렸다. 토호 출신인 셈이다. 아버지 김근이 개경(지금의 개성)에서 벼슬할 때에도 그의 집안의 근거는 경주에 있었다. 이런 출신 배경은 그가 주도해 이룩한 『삼국사기三國史記』

와 관련되어 말썽의 한 꼬투리가 되었다.

김부식의 네 형제는 모두 과거에 합격해 중앙정계로 진출해 부러움을 샀을 뿐만 아니라 조정에서는 과부로 아들들을 잘 키운 그의 어머니에게 정기로 곡식을 내려주는 은총을 베풀었다. 그러나 그의 어머니는 할일을 했을 뿐이라며 이를 거절해 더욱 명망을 얻었다.

남다른 재주와 처세술로 인종의 신임을 두터이 받은 김부식은 20년 동안 한림원 등 문한文翰의 관직에 종사해 학문의 깊이를 더했고 때로는 이런 지위를 이용해 자기 세력을 키우는 발판으로 삼기도 했다. 그는 누구보다도 유교의 이념을 임금에게 강조했고 제자들에게도 공자와 맹자의 학문을 실천적으로 익히라고 가르쳤다. 이런 의식 때문에 그는 한족이 세운 송나라를 받들고 거란족이 세운 요나라를 배척했다. 그리고 국구國舅인 이자겸의 전횡을 막는 데 큰 역할을 했고 뒤이어 호부상서戶部尙書 문하평장사門下平章事 등의 요직을 맡았다. 이에 힘입어 유교파가 고려의 조정을 장악했으며 이후 송학宋學이 성행했다.

김부식의 공로 중 가장 두드러진 것은 묘청난을 평정한 것이다. 묘청은 서경(지금의 평양) 출신으로 왕의 신임을 받으면서 개경 출신의 세력을 꺾기 위해 서경 천도를 추진했다. 그러나 뜻대로 되지 않자 도참설圖讖說을 이용했다. 대동강에 기름떡을 넣어 기름이 물 위에 뜨게 해 상서로운 징조라는 말을 퍼뜨렸다. 그리고 서경 가까운 임원역에 대화궁을 짓고 고려 왕을 황제라 일컬으며 연호를 독자적으로 쓰는 칭제건원稱帝建元을 주창하고 금나라를 치자고 건의했다.

그러나 사대와 모화慕華에 철저했던 김부식 등의 반대로 묘청의 주장은 묵살되었다. 그러자 묘청은 국호를 대위大爲, 연호를 천개天開라 하면서 반란을 일으켰다. 이에 김부식은 원수가 되어 14개월에 걸쳐 이 반란을 평정했다. 이 난에 대해 민족사가인 신채호는 개경파와 서경파, 불가와 유가, 자주파와 사대파의 싸움으로 일컬으며, 이때부터 자주세력이 몰락했다고 했다.

김부식은 이 난을 평정해 자기 세력을 굳혔고 왕의 신임도 더욱 두터워져서 정국공신靖國功臣의 칭호를 받았다. 이어 감수국사監修國史 상주국上柱國이 되어 『삼국사기』 저술을 맡았다. 그는 송나라 사신 서긍에게 그의 박람강기博覽强記(책을 많이 읽어 널리 알면서 기억력도 뛰어남)를 인정받았다. 서긍이 뒷날 송나라로 돌아가 고려의 실정을 그림과 글로 설명한 『고려도경高麗圖經』을 지었는데 여기에 김부식의 가족 내력을 소개하기도 했다. 그는 영화로운 삶을 누리다가 말년에 무신들에게 시달린 끝에 77세로 세상을 떠났다.

삼국시대사를 저술한 까닭

고려시대에 이룩된 역사서로서 오늘날까지 우리에게 큰 영향을 끼치는 것은 『삼국사기』와 『삼국유사三國遺事』이다. 그 중에서도 『삼국사기』는 정사로 전해지는 것 중에서 가장 오래된 것이

『삼국사기』 이 책은 문장이 유려하고 역사기술이 정연하며 역사서로서 체제가 제대로 갖추어져 있다는 점에서 가치가 있지만, 한편으로는 사대적인 역사기술로 인해 비판의 대상이 되기도 한다.

자 유일한 것이다. 그런데도 칭찬과 비판이 엇갈린다. 다시 말해 상당한 가치가 있으면서도 사대적인 기술로 말미암아 여러 비평이 뒤따르고 있다. 이것은 다음과 같은 까닭에서다.

서기전 50년쯤에 고구려는 만주 일대와 대동강 이북을 중심으로, 뒤따라 백제는 한강과 금강 유역을 중심으로, 신라는 좁은 경주 일대를 중심으로 건국했다. 이들은 부족국가의 형태에서 벗어나 각기 왕조체제를 갖추고 한 치의 땅이라도 빼앗기 위해 하루도 쉴 날 없이 싸웠다. 또한 안으로는 중국에서 들여온 불교를 숭상하고 유교를 받아들여 정치의 바탕으로 삼으며 고유의 신앙과 의식을 토대로 해 국민생활을 지배했다.

이 과정에서 고구려와 백제는 말기에 동맹관계를 맺어 신라를 위협했고, 이에 신라는 존립의 위기를 느꼈다. 이후 신라는 멀리 바다 건너의 당나라 군사를 끌어들여 고구려와 백제를 쳤다. 백제는 바다 건너의 일본군을 끌어들여 맞섰으나 힘에서 밀렸다. 고구려는 스스로의 힘을 바탕으로 맞서 싸웠으나 내란으로 국력이 약화돼 멸망했다.

이런 시대상을 기록한 정사류로 『구삼국사舊三國史』, 『삼한고기三韓古記』, 『신라고기新羅古記』 등이 있었다고 한다. 그러나 현재 전하는 것은 오직 정사류의 『삼국사기』와 야사류의 『삼국유사』뿐이다.

『삼국사기』는 1145년(고려 인종 23) 왕명에 의해 김부식이 젊은 벼슬아치 8명의 도움을 받아 여러 사서를 참고해 만들었다. 김부식은 「삼국사기를 지어 올리는 글」에서 새로운 삼국시대사를 저술한 이유를 다음과 같이 밝혔다.

첫째, 우리의 역사를 제대로 모를 뿐만 아니라 삼국은 오래된 왕조의 역년인데도 그것을 자세히 기록한 역사서가 없다.

둘째, 『고기』 등이 있다 해도 문장이 거칠고 사적이 빠졌으며 내용에서 선악시비를 가릴 수 없다.

이 두 가지가 『삼국사기』를 저술하게 된 기본 동기였다.

『삼국사기』의 두 얼굴

『삼국사기』는 기술에 있어서 자주적이면서도 사대적인 양면성을 지니고 있다. 「신라본기新羅本紀」 12권, 「고구려본기高句麗本紀」 10권, 「백제본기百濟本紀」 6권을 중심으로 해 「연표年表」, 「지志」, 「열전列傳」 등의 50권으로 엮인 이 책은 편년체編年體로 기술하면서 기전체紀傳體를 혼합했다. 「본기」는 왕들의 재위 기간 중에 일어난 사실을 연월일순으로 기재한 것이고, 「연표」는 세 나라의 연대를 중국 연대와 대조한 것이다. 「지」는 역대 제도의 연혁과 변천 과정, 그리고 제도사나 문화사가 되는 내용을 담은 것으로, 제사祭祀, 악樂, 거기車騎, 지리地理, 직관職官 등을 모았으며, 「열전」은 현상賢相, 명장名將, 충신忠臣, 학자學者, 화랑花郎, 효자孝子 등의 인물 전기를 모은 것이다.

그러면 두 측면의 내용은 어떤 것인가? 첫째, 자주적인 측면은 독자적인 역사를 기술했다는 것이다. 적어도 세 나라를 중국에서 떼어내 완전한 국가의 역사를 기술하고 제후에게 적용되는 세가世家를 버리고 본기로 항목을 잡아 각 왕조의 사실을 기록했다. 그리고 중국민족과 싸워 혁혁한 공을 세운 을지문덕과 연개소문의 활약을 비중 있게 기록하고, 비록 당의 세력을 끌어들여 삼국을 평정했으나 뒤에 당의 세력을 몰아내기 위한 김유신과 문무왕의 활약을 높이 평가했다. 이것은 오늘날 중국에서 고구려를 중국소수민족의 역사 또는 중국변강사라고 왜곡하는 따위의 역사 인식에서 볼 때 매우 중요하다.

둘째, 사대적인 측면은 중국 중심으로 기술했다는 점이다. 중국의 사서인 『자치통감資治通鑑』을 그대로 인용해, 비록 본기라는 항목을 잡았으면서도 본디 짐朕(천자가 스스로를 일컫는 말)이라고 기재했던 것을 과인寡人(제후의 호칭)이라 쓰고, 태자太子라 했던 것을 세자世子로 낮춘 것이다. 중국에 맞서 싸운 것은 일단 중국식의 유교 질서에 반대된 것으로 보았고, 비록 을지문덕과 연개소문의 활약을 기록하면서도 민족사적인 입장에 서지 않았다. 또 삼국 이전의 역사를 외면해 한국사의 시대를 아래로 끌어내렸다.

그리고 자신이 신라의 후예이기 때문인지 신라를 중심으로 기록해 고구려가 북방에서 활약하고 백제가 해상에서 일본과 연계해 활약한 것, 그리고 발해의 역사를 부각시키지 않았다. 또 설총·강수 등의 유학자들은 항목을 만들어 높이 올리면서 불교가 가장 융성했던 신라시대의 고승들은 모조리 빼버렸다. 이것은 모두 유교 사대사관에서 나온 것으로, 이로부터 시작된 사대사관은 고려 말과 조선조에 걸쳐 더욱 기승을 부리면서 자기 나라의 역사를 애써 낮추는 중화 중심의 역사를 만드는 단초가 되었다.

전해지는 말로는 김부식이 『삼국사기』를 저술한 뒤, 다른 여러 역사서적을 불살라버렸다고 한다. 『삼국사기』만을 후세에 남겨두기 위해서였던 것이다. 이리하여 앞에서 말한 『고기』 등 삼국시대에 관한 역사 서적이 모두 없어졌다. 이 때문에 문일평, 신채호 등의 역사가는 사대사관에 철저했던 김부식을 역사의 반역자라고 호되게 비판을 가했고, 이런 견해는 오늘날 많은 호응을 얻고 있다.

가장 오래된 정사

『삼국사기』는 문장이 유려하고 역사기술이 정연하며 체제가 제대로 갖추어져 있다는 점에서 가치가 있다. 이에 비해『삼국유사』는 승려 일연이 이보다 늦은 고려 충렬왕 때 엮은 것으로, 역사서의 체제를 제대로 갖추지 못했다. 하지만『삼국유사』는『삼국사기』보다 훨씬 자주적인 기술을 시도했고, 민속·종교뿐만 아니라 불교에도 많은 비중을 두고 엮었다. 다만 신비한 이야기 따위를 싣는 기술방식으로 인해 야사류라는 평가를 받아왔다.

우리는 삼국시대를 기록한 이 두 저술의 장점과 단점을 종합하고 둘 사이의 빠진 부분을 합해서 살펴 삼국시대의 역사상황을 올바로 파악할 수 있다. 비록 비판을 받아온『삼국사기』이지만 이 저술이 없었다면, 우리는 삼국과 후기 신라의 줄거리를 잡을 수 없어 역사가 없는 민족으로 전락했을 것이다. 오늘날 동남아 국가는 거의 몇백 년의 역사만을 가지고 있으며 북방민족인 돌궐족, 거란족, 몽골족의 역사는 부실하기 짝이 없다.

이 때문에『삼국유사』와 함께『삼국사기』는 끊임없이 연구하고 분석해야 마땅하다. 다만 김부식의 사대사관에 대한 비판을 멈추어서는 안 될 것이다.

그가 큰 공적을 세웠으면서도 한편으로는 편중된 의식으로 포폄褒貶의 대상이 된 것은 안타까운 일이다. 하지만 고집이 센 유학자였으면서도 불교를 이단으로 몰지는 않았다. 그는 시인으로 명망을 얻어 종주의 위치를 누렸음에도 묘청의 난을 빙자해서

맞수였던 정지상 등을 아무런 혐의 없이 죽였다는 악명은 쉽게
지울 수 없을 것이다.

일연
민족사학의 효시

일연一然(1206~89)은 승려보다 『삼국유사』의 저자로 널리 알려져 있다. 그는 많은 저술을 남겼지만 오늘날 전해지는 것은 『삼국유사』뿐이다.

그는 경상북도 경산의 김씨 집안에서 태어났다. 그는 당시 여느 경우처럼 어릴 적에 출가했고 22세 때에 승과에 수석으로 합격했다. 그 뒤 전국의 절을 돌아다니며 정진을 거듭, 고승으로 이름을 떨쳤다. 그는 50대의 나이에 대선사大禪師로 추앙을 받았다.

일연은 대선사라는 승계를 받은 뒤, 왕의 부름을 받아 거처를 강화도 선월사禪月寺로 옮겼다. 이때부터 보조국사 지눌知訥의 계통에 들게 되었다. 당시 나라 사정은 참으로 위기의 연속이었다.

최충헌崔忠獻은 여러 경로를 거쳐 무신정권을 확립했는데 승려들은 줄기차게 반무신항쟁을 벌였다. 특히 1217년에는 침입한 거란군을 격퇴하기 위해 동원된 승군들이 최충헌을 죽이려고 발길을 돌려 두 세력 사이에 큰 싸움이 벌어졌는데, 이때 승군 8백여 명이 죽었다. 무신정권과 불교세력이 이런 갈등을 빚을 당시에도 몽골의 침략은 계속되었다.

1232년 고려 왕실은 몽골의 침략에 장기전 태세를 갖추고 강화도로 수도를 옮겼다. 그리고 호국을 기원하는 의미로 몽골군에 의해 경주에서 불탄 대장경판大藏經板을 다시 만들기 시작했다. 30여 년 만에 이 일이 완성되자 일연은 낙성회落成會를 주재했다.

그때 그의 나이 이미 60이 넘었다. 이런 암담한 나라의 현실을 몸소 겪고 보니 그의 정진이 한낱 구두선口頭禪에 지나지 않음을 뼈저리게 느꼈으리라. 고려 왕실은 40여 년 동안 강화도에서 버티다가 끝내 항복했으나 삼별초의 군사들은 끝까지 몽골에 항거해 강화도에서 진도, 제주도로 옮기며 항전하다가 장렬한 최후를 마쳤다.

더욱이 몽골은 고려를 압박해 연합군을 편성해서 두 차례에 걸쳐 일본정벌에 나섰다가 무수한 인명만을 잃으며 실패를 거듭했다. 이런 일을 겪은 충렬왕은 그를 불러 가까이에 두고 설법을 들었다. 천 마디 만 마디 말이 무슨 소용이 있으랴. 이때 그는 『삼국유사』를 쓰게 되었다. 고희의 나이에 더구나 중의 신분으로서 외전外傳 축에도 들지 않는 역사책을 쓴 뜻이 어디에 있었던가.

『고기』의 원형을 보존하다

자기 민족이 외침을 받고 지배를 당할 적에는 어김없이 자주 의식이 싹트기 마련이다. 고려가 몽골에게 고난을 겪을 적에 오늘날 전해지는 민족 대서사시 두 편이 나왔다. 하나는 이승휴李承休의 『제왕운기帝王韻紀』로, 우리나라 역사를 시로 읊었다. 여기에는 단군, 삼국, 발해의 역사가 들어있다. 다른 하나는 이규보李奎報의 문집 『동국이상국집東國李相國集』에 실려 있는 「동명왕편東明王篇」으로 고구려 건국신화를 시로 담았다.

일연은 이 두 민족서사시를 분명히 읽었을 것이다. 또 그가 태어나기 70여 년 전에 이루어진 김부식의 『삼국사기』도 읽었을 것이다. 사대유학자 김부식이 자기 나라의 역사를 기록하면서 중국 중심으로 엮어 '짐'을 '과인'이라고 기술하는 따위의 사대의식과 단군, 발해 그리고 민속, 불승의 이야기를 뺀 편파적인 기술을 보고 분통을 터뜨렸으리라.

『삼국유사』는 아홉 편으로 나뉘어 있다. 「왕력편王曆篇」에는 삼국과 가락의 왕대王代 및 연표를 만들었고 「기이편紀異篇」에는 고조선, 위만조선, 마한, 부여, 고구려, 백제, 진한, 신라, 발해, 후백제의 흥망성쇠를 담았다. 「흥법편興法篇」에는 불교전래의 사실, 「탑상편塔像篇」에는 불상, 불탑에 관한 설화나 사찰의 유래, 「의해편義解篇」에는 신라 고승의 전기, 「신주편神呪篇」에는 밀교승의 신통, 「감응편感應篇」에는 수행의 설화, 「피은편避隱篇」에는 숨은 승려들의 일화, 「효선편孝善篇」에는 효행과 미담을 실었다.

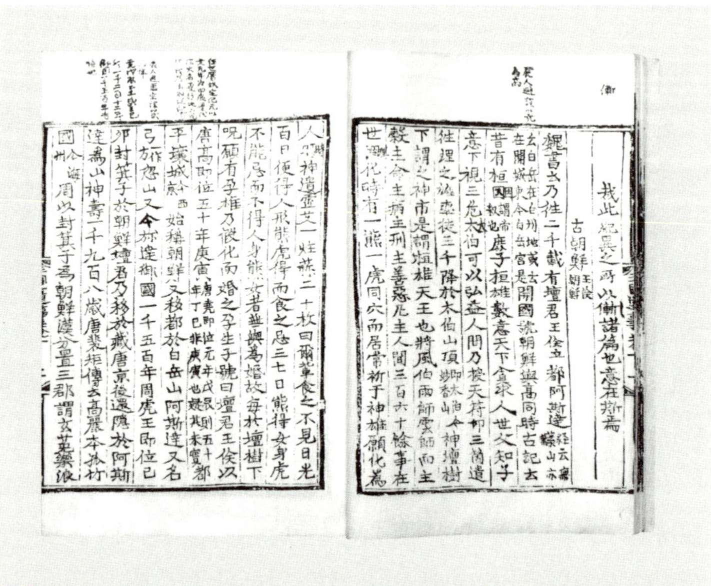

『삼국유사』 이 책은 『고기』를 인용해 단군 사적을 수록함으로써 민족사의 시원을 밝히고 있다. 또 발해의 역사를 최초로 우리 역사에 포함시켰고, 고대 신라인의 정서를 전해주는 향가와 수많은 민간 설화 등을 전함으로써 민족사를 풍부하게 하는 젖줄이 되고 있다.

각 편에 나타난 대로 『삼국사기』와는 수록내용이 전혀 다르다. 그는 지난 역사를 다시 쓰기보다 『삼국사기』에서 누락된 사실을 새로 담아 전하려 한 것이다. 그는 『고기』와 「금석문金石文」 등을 인용하기도 하고 때로 견문을 수집해 놓기도 했다.

그는 이 책 이름을 유사遺事라 했는데 이는 정사체正史體가 아니라는 것을 나타낸다. 그러나 정사의 체제만을 갖추었다고 바른 역사가 아님은 새삼 말할 필요도 없다.

유일하게 민중 민속을 기록하다

흔히 『삼국사기』는 문장이 유려하고 체계가 잡혀 있으나 『삼국유사』는 문장이 경색하고 잡다하다고 말한다. 그러나 참가치는 그런 데 있지 않다. 『삼국유사』는 무엇보다 앞에 『고기』를 인용해 단군 사적을 수록함으로써 민족사의 시원을 밝힌 점에 큰 가치가 있다. 이것이 단군에 관한 유일최고의 기록이다. 만약 이 기록이 없었다고 해보자. 우리는 건국설화를 잃은 민족이 되었을 것이요, 홍익인간弘益人間의 이념이나 천손족天孫族의 자부심을 갖지 못했을 것이다.

다음은 발해의 역사를 최초로 우리 역사에 포함시킨 것이요, 또 삼국의 건국설화를 적어 고대 우리 겨레의 사상과 의식 상태를 전해준 것이다. 특히 이 책에 수록된 14수의 향가는 고대 신라인의 정서를 전해주는 보고이다. 또 민간의 전설은 당시 우리 겨레의 정서만이 아니라 의식의 원형을 알려주고 있다.

이처럼 『삼국유사』는 고대의 역사만이 아니라 신앙, 사랑, 풍속, 언어, 예술, 인생관이 망라되어 있고 정치, 경제, 사회의 편린을 전해주고 있다. 안계현 교수는 "『삼국사기』가 마치 요리해 놓은 채소와 같다면, 『삼국유사』는 밭에서 갓 뽑아낸 흙내 나는 싱싱한 채소와 같다"고 했다.

그러나 나는 그렇게 보지 않는다. 『삼국사기』는 비록 오늘날 전해지는 유일한 정사의 역사책이기는 하지만 사가史家가 멋대로 재단하고 왜곡한 상처투성이의 조각품이요, 『삼국유사』는 비록 엉성할지는 모르나 있는 그대로의 원형을 고이 간수해 전해 준 자연의 암석과 같으리라. 우리는 이 책에서 고대인의 숨결을 느끼고 풋풋한 냄새를 맡는다. 그리고 한 사상가의 시대적 고뇌와 민족의식을 접할 수 있다.

그의 사적을 적은 비명에는 이 책의 저술사실이 빠져 있다. 그만큼 승려들도 이 책이 외전이라 생각해 가치를 두지 않은 것이다. 다만 그의 제자 혼구가 마지막 권 첫머리에 그 저자가 일연임을 적어두었을 뿐이다.

우리 민족사의 보고

『삼국유사』에 대한 비판은 크게 두 가지가 있다. 첫째는 단군신화에 관한 것이다. 일연은 『고기』의 기록에 따라 신수설神授說, 천수설天授說을 설정하면서 하늘에 있는 환인을 불교의 제석천으로 해석하는 등 불교적 색채를 가미했다. 그리고 중국인 기자에게 조선을 물려주고 산신이 되었다는 것도 역사의식의 한계를 보여준다.

둘째는 많은 이야기 속에 불교적인 것을 중심으로 다루었고 불승, 불탑에 지나치게 비중을 두었다는 점이다. 유가 사학자들이 공자의 가르침대로 역사서에 괴력난신怪力亂神의 내용을 쓰지 않은 것과는 뜻이 다르기는 하다. 그러나 고유의 신도神道 등 민간신앙이나 원시인 의식의 표상보다 불교관계에 비중을 두어 불승의 의식을 완전히 벗지 못한 것이다.

그리고 『삼국사기』에서 고의로 빼거나 삭제한 사실을 역사가의 안목으로 보충하거나 수정해 다시 수록하지 않았다. 이런 부분에 좀 더 관심을 돌렸더라면 그 가치는 더욱 빛났을 것이다.

일연에게 늘 의지하던 충렬왕은 그에게 국사國師의 칭호를 주려 했다. 이때 일연이 원나라에서 쓰는 국사의 칭호를 거부해 국존國尊이라는 이름으로 바꾸어 주었다. 아주 철저한 반원의식의 발로였다. 그 뒤 그는 84세의 나이로 온갖 풍상을 겪은 끝에 경상도 군위의 인각사麟角寺에서 조용히 열반했다. 인각사에는 깨진 그의 비와 함께 사리탑이 보존되어 있다.

『삼국유사』는 그가 죽은 뒤에야 간행되었다. 첫 간행은 정확히 알려져 있지 않으나 1512년(중종 7)에 중간重刊된 것으로 전해지고 있다. 유교를 통치이념으로 한 조선시대에 경주부윤慶州府尹 이계복이 새로이 발문을 붙여 간행한 것이다. 이는 바로 유자儒者들도 이 책의 가치를 인정했음을 보여준다. 또한 조선시대 유자들이 영숭전永崇殿 등에서 단군을 기자 아래에 두고 국가의식을 거행했는데 세종, 세조대에 이르러 이를 바로잡았다. 그리고 정두경 등은 단군을 찬양하고 안정복은 단군을 국조國祖로 추앙했다. 18세기 유득공은 일연이 발해를 우리 민족사에 포함시킨 사실에 유의해 발해사를 우리나라 역사로 포함시키고 규명했다.

이는 모두 『삼국유사』의 기록에 근거한 것으로, 이것만 보더라도 일연은 민족사에 큰 공헌을 한 것이다. 이후 일제시기에도 이 책을 줄기차게 연구했으며 오늘날에는 문화인류학적인 접근,

민속학적인 규명이 아울러 이루어지고 있다. 이런 그를 두고 누가 민족사학자, 민중사학자라고 부르는 데 인색하겠는가.

서경덕
독창적인 기철학의 세계를 연 거인

어느 찢어지게 가난한 집에서 매일 어린 아들에게 나물을 뜯어오게 했다. 봄철이니 새 나물이 들판에 자랄 테고 그것을 뜯어와 죽이라도 끓여 먹어야 했기 때문이다. 그런데 나물을 뜯으러 간 아이는 늘 늦게 돌아오는데도 빈 바구니만 들고 왔다. 그래서 어머니가 물었다.

"왜 며칠 동안 나물을 한 줌도 뜯어오지 않느냐?"

"나물을 뜯으러 들판에 나갔을 적에 종달새가 날고 있었습니다. 그런데 종달새가 그제는 땅에서 한 치쯤 날아오르더니 어제는 두 치쯤 날아올랐고 오늘은 세 치쯤 날아올랐습니다. 이 새가 나는 모양을 보고 그 이치를 생각하느라 늦었사옵니다."

종달새가 봄 아지랑이를 타고 오르내리는 모습을 보고 이 아이는 생각이 많았던 모양이다. 이 아이가 바로 화담花潭 서경덕徐敬德(1489~1546)이다. 그의 조상은 대대로 풍덕(지금의 개풍군)에서 살았다. 아버지 서호번은 낮은 벼슬을 했다고 하나 남의 땅을 소작해 생계를 꾸려나간 것으로 보아 녹봉을 받지 못했음을 알 수 있다. 그런데 서호번은 비록 소작인이었으나 소작료를 속이지 않고 꼬박꼬박 내 땅주인은 일일이 확인하지 않고 받았다고 한다.

서호번은 개성에 사는 한씨에게 장가를 든 연유로 개성에 옮겨와 살았다. 어느 날 개성에 큰불이 나서 그의 집에까지 옮겨 붙었다. 그러자 그는 향을 사르고 축문을 지어 "평생에 감히 의롭지 않은 일을 하지 않았나이다" 하고 하늘에 고하자 갑자기 바람이 일어 불이 붙은 초가지붕을 걷어버렸다 한다. 이에 사람들은 이 집안이 여러 대에 걸쳐 덕을 쌓아 하늘이 감응했다고 입을 모았다. 이런 아버지를 두었으니 가난할 수밖에 없었다. 그래서 서경덕은 늦은 나이에 글을 배워야만 했다.

그래도 타고난 총명이 있어, 어릴 적부터 하늘의 이치를 알고 싶으면 '하늘 천'자를 벽에 붙여놓고 문을 잠그고 한없이 그 글자를 바라보며 그 이치를 생각했다. 땅의 이치를 알고 싶으면 '땅 지'자를 붙여놓고 계속 궁리했다.

열네 살에는 개성의 어느 훈장을 찾아가 글을 배웠고 열여섯 살 때는 『대학大學』을 읽고 뜻을 깨쳤는데, 그 기쁨을 이기지 못해 눈물을 흘리기까지 했다. 훈장에게 글을 배우다가, 『상서尚書』의 「기삼백편朞三百篇」(역수曆數에 관한 내용)에 이르러 학문이 짧은 훈장이 "이 대목은 나도 배우지 못한 바이거니와 세상사람 누구도 아는 이가 드물 것이다"고 하자 서경덕은 집에 돌아와 보름 동안 이 대목을 놓고 밤낮으로 궁리한 끝에 해득하기도 했다.

이렇게 공부에 열중한 그는 밥을 먹어도 맛을 몰랐으며 길을 걸어도 어디로 가는지 몰랐다고 한다. 측간에 가서도 무엇을 골몰히 생각하느라 대변을 보려던 생각을 잊고 일어나 나오기도 했다. 어디 그뿐인가? 며칠씩 잠을 자지 않고 공부를 하다가 조금 눈을 붙이면 꿈속에서 풀지 못한 이치를 알아내기도 했다.

이렇게 20대까지 방 안에만 틀어박혀 궁리하며 지내다 보니 병이 들 수밖에 없어 문지방도 넘지 못할 정도로 몸이 쇠약해지자 궁리와 사색을 그만두기로 마음을 먹기도 했으나, 워낙 천성적으로 탐구심이 많아 스스로를 억제할 수 없었다.

그의 명성은 널리 퍼졌고 조정에서는 과거를 보지 않은 그에게 한때 벼슬을 천거했다. 하지만 벼슬에 뜻을 둘 그가 아니었다. 쌀이 떨어져 며칠씩 굶고 지내는 판인데도 조정의 녹봉에는 관심이 전혀 없었다.

조선시대에는 고려 왕조에 대한 향수가 짙다고 보아 개성 사람들을 소외시켜온 마당이고 보면, 문벌을 자랑하는 양반이 판치는 조선 중기에 보잘것없는 문벌 출신인 그에게 벼슬이 천거된 것은 예사 대우가 아니었다.

산림과 벗하며 지내다

그는 우리나라의 명산대천을 돌아보려고 서른네 살에 유람을 떠났다. 어느 여름날 그는 속리산, 변산을 거쳐 지리산에 올랐다. 그가 지리산을 등반하면서 누구와 동행했는지는 알려져 있지 않으나 날이 저물어 반야봉에서 자게 되었다. 하늘에는 별이 빛나고 조각달이 숲을 함초롬하게 비추고 있었다. 그는 대자연의 조화에 빠져 무한한 감동을 받았다. 이때 그는 시인은 아니로되 시 한 수를 읊었는데 그 한두 구절은 이러하다.

> 땅은 그윽한 정기 모았다가 비, 이슬 일으키고
> 하늘은 맑은 기운 품었다가 영웅을 내네

그는 시를 지어도 정경을 읊기보다 이치를 깔아놓았다. 천성적인 철학자의 면모를 여기에서도 볼 수 있는 것이다.

송악산의 선비가 남쪽 지리산과 맺은 이 인연은 의미가 크다. 어느 때인가 서경덕은 제자 이지함을 데리고 지리산을 다시 찾았다. 이때 그들이 만난 사람들은 지리산 언저리에서 은거하는 대곡 성운과 남명 조식이었다. 성운과 조식은 조정에서 내리는 벼슬을 거절하고 철저하게 은둔의 삶을 산 선비들이다. 특히 조식은 만년에 지리산 덕산에 자리 잡고 스스로 처사로 자처한 인물이었다.

이들은 서로 어울려 시와 술을 주고받았고 '임천林泉'(벼슬에 나가지 않고 산에 묻혀 사는 생활)의 뜻을 노래했다. 이들은 한데 어울려 속리산까지 가서 머물며 대화를 나누다가 헤어짐을 섭섭해했다.

서울에서 벼슬도 하며 유학의 정통을 이은 이황과 이이에 비해 서경덕과 조식은 일종의 방계였다. 이황과 조식은 같이 경상도에 살면서 때로는 격려도 주고받았지만 때로는 틈이 생기기도 했다. 이이와 서경덕도 같은 경기도 출신으로 한때 이이가 서경덕의 학설을 배워 학문의 밑거름으로 삼기도 했지만 서경덕의 이론을 부분적으로 반대하기도 했다. 그러니 방계끼리의 만남은 정신사적으로 미묘한 뜻을 함축하지 않을 수 없었다.

이렇게 자연을 벗 삼아 은둔 생활을 하던 그도 마흔셋에 어머니의 간곡한 부탁으로 과거를 보았다. 참으로 그의 이상에 걸맞지 않은 행동이었지만 생원시生員試에 합격했다. 생원시에 합격하면 성균관에 들어가 앞으로의 벼슬살이에 적합한 수습과 훈련을 받는 것이 정해진 과정이어서 그도 성균관에 들어가기는 했다.

그러나 그곳의 생활에서 그는 별로 인정을 못 받은 것 같다. 그의 어수룩한 행동과 촌스러운 몸가짐이 권문세가의 세련된 자제들의 눈에 찰 리가 없었다. 개성 무지렁이로 따돌림을 받았을 것이다. 기록을 보면 이담이라는 사람만이 그를 남달리 대해주어 뒷날 칭송을 받았다고 한다.

어떤 연유로 성균관에서 물러나왔는지는 모르겠으나 그는 벼슬자리에 나아가지 않고 수습 도중에 슬그머니 개성으로 돌아와 송악산 자락에 있는 화담에 자리를 잡았다. 화담 옆에 초막을 짓고 못 다한 학문에 정진한 것이다. 그의 부인은 마을에 살면서

화담 강세황이 그린 화담의 풍경. 서경덕은 송악산 자락 화담 옆에 초막을 짓고 학문에 정진해, 이때부터 '화담선생'이라 불렸다고 한다.

화담의 초막에 가 밥을 지어주었다. 이때부터 '화담 선생'이라는 별호가 붙여졌고 그의 소문은 더욱더 널리 퍼져나가 개성 일대는 물론이요, 서울에서까지 많은 제자들이 몰려들었다.

그의 제자를 두 부류로 나누어보면 첫째는 박순, 허엽, 박민헌 같은 명문 출신으로 높은 벼슬을 지낸 사람들이요, 둘째는 이지함, 강문우, 정개청, 서기 같이 벼슬길에 나아가지 않은 상민 또는 천민 출신(이지함은 명문 출신으로 벼슬에 잠시 나간 적이 있다)이었는데, 서경덕은 어느 출신이거나 가리지 않고 제자로 받아들였다. 상민 출신을 제자로 잘 받아들이지 않던 당시의 풍토로 볼 때 서경덕의 의식세계가 어떠했는지를 알 수 있다. 50대에 들어선 서경덕의 학문경지는 바야흐로 원숙의 단계로 접어들었다. 학문에 정진하는 그의 모습은 참으로 성자와 같았다.

어느 날, 강문우가 쌀을 짊어지고 가보니 스승이 화담 위에 앉아서 한낮이 지나도록 사람들과 이야기에 열중하고 있었다. 스승은 사람의 마음을 감동시키는 열변을 계속하는데도 얼굴에는 조금도 피곤한 기색이 보이지 않았다. 강문우가 뭔가 짚이는 것이 있어 부엌에 들어가 물으니 "어제부터 양식이 떨어져 밥을 짓지 못했다"고 했다.

한번은 허엽이 그를 찾아갔는데, 장마가 계속되다 보니 화담으로 건너가는 냇물이 불어 있었다. 엿새 동안 기다린 끝에 냇물이 조금 줄어 건너가니 그는 태평하게 거문고를 타며 글을 읊고 있었다. 인사를 끝낸 허엽이 저녁밥을 지으러 부엌으로 들어가자 "나도 저녁을 먹지 않았으니 내 밥도 지어라"고 서경덕이 말해 허엽이 솥뚜껑을 열어보니 솥 속에 이끼가 가득 끼어 있었다. "왜 솥에 이끼가 끼어 있습니까?" 하고 물으니 "물에 막혀 집사람이 엿새째 오지 않아서 이끼가 끼었나 보다" 했다고 한다(허균, 『성옹지소록惺翁識小錄』).

신분평등사상과 기이론이 만나다

이런 서경덕이었으니 조정에서 몇 차례 벼슬을 내렸다고 그가 받아들일 리 만무했으리라. 이런 생활 속에서 서경덕은 마침내 그의 학문적 사변과 철학적 사유를 정리해야 할 시기에 다다랐

다. 쉰여섯 살에 그의 병이 깊어지기 시작했기 때문이다. 그는
「원리기原理氣」 등 논설 네 편을 지었다.

알다시피 이와 기는 성리학의 기본 요소로, 우주나 인간의 본질을 규명하는 원리이다. 중국의 주자가, 우주는 어떤 원리인 '이'와 그 작용인 '기'로 형성되는 것이라고 설파한 뒤 여러 학자가 그 이론을 자기 나름대로 풀어왔다. 서경덕의 해명을 간단히 살펴보면 이러하다.

> 형체가 없는 태허太虛(우주 생성 이전의 상태)를 선천先天이라고 하니 그것은 처음도 없고 끝도 없으며 쥐면 비어 있고 잡으면 없으며 귀로 들을 수도 없고 냄새를 맡을 수도 없다. 이 태허에는 곧 단 하나의 기가 있을 뿐이다. 그런데 후천後天에는 기 속에서 보이지 않는 가운데 약동이 일어나며 동시에 개벽이 일어난다. 이 같은 동작이 일어나는 것은 무엇이 그렇게 시키는가? 저 스스로 그러한 것이다. 역시 저 스스로 그러하지 않을 수 없는 것이니 이것을 '이理'의 시時라고 한다.

이런 논리는 확실히 주자의 설에 반대된다. 그리고 그는 촛불이 타서 없어지는 것 같지만 그 기는 우주 안에 그대로 있는 것과 같이 인간도 태어났다가 죽으면 없어지는 것이 아니라 보이지 않지만 우주 속에 그대로 있다고 보았다(이것을 물질불변설이라고 부른다).

이와 같은 그의 선·후천설과 물질불변설 등을 두고 당시의 학자, 곧 이황 같은 유학자들은 정통의 설이 아니라고 반박했다.

이에 그의 제자들은 서경덕의 학설이 주자의 이론과 다른 것은 중국 주염계의 설에 따랐기 때문이라고 변명을 늘어놓았다. 그러나 철저하게 독창적이요 스스로 깨친 것이라는 점에서 그의 이론과 학설은 불승 원효와 함께 우리나라 사상사에 우뚝 서게 된다.

그가 이렇게 형이상학에 몰두했다고 해서 현실 문제를 외면한 것은 아니다. 그는 조정의 일을 논하기도 하고 잘못된 현실에 늘 민감하게 반응했다. 서경덕과 같은 동네에 사는 사람들은 다툼이 있으면 관가에 가지 않고 그를 찾을 만큼 그가 현실 또는 민중의 문제에 관심을 가졌던 것도 사실이다.

그래서 이지함은 서경덕의 철학을 토대로 해 지은 『토정비결土亭秘訣』을 민중에게 주었고, 허균은 그의 사상을 키워 현실개혁을 부르짖었다. 조선 후기에 와서 민중은 그를 신앙의 대상으로 삼기까지 했는데, 이것은 유학자로서는 처음 있는 일이다. 또 그의 선·후천사상과 '기' 속에 '이'가 내재해 있다는 설은 조선 후기의 신분평등사상으로 연결되기도 했다.

인간 평등의 도학을 가르치다

그의 제자들 속에서 가장 화제를 뿌린 인물이 황진이일 것이다. 개성사람들은 개성의 삼절三絶을 꼽았는데 박연폭포와 서화담, 황진이라고 했다. 황진이는 알다시피 유명한 기생이었고 재주가 철철 넘치는 재사였다. 그는 천한 신분으로 기생이 되어 많은 남정네를 그녀의 치마폭 앞에 무릎 꿇리면서 농락했다. 그래도 신분과 남녀를 차별하는 사회에 원망의 찌꺼기가 남아 있었다.

그녀는 서경덕을 찾아가 유혹했으나 서경덕은 유감없는 도학자의 면모를 보여 주었다. 그녀는 이 세상에 태어나 최초로 그를 스승으로 받들고 제자 노릇을 했다. 그녀가 마지막으로 그에게 배운 것은 인간 평등의 이론을 담은 도학이었을 것이다.

논설 네 편을 지어놓고 병이 더욱 깊어 한창 더위가 기승을 부리는 칠월 칠석날, 병석에 누웠던 그는 제자들에게 그를 화담에 옮겨달라고 당부했다. 그의 몸을 화담의 맑은 물로 씻고 돌아오자 곧 임종을 알리는 가쁜 호흡을 몰아쉬었다. 그때 한 제자가 “선생님, 지금 생각이 어떠십니까?” 하고 묻자 “살고 죽는 이치는 이미 안 지 오래다. 생각이 편안하다”라고 대답한 다음 곧바로 숨을 거두었다.

뒷날 그의 제자들이 문집을 꾸밀 적에 그의 학설이 너무 도가적이고 반주자학적이어서 조금 다듬었다고 전해진다. 하지만 중국에서 유명 문집을 모아 『사고전서四庫全書』를 편찬할 때 동방 학자의 문집으로는 그의 『화담집花潭集』이 유일하게 들었다. 그의 학문이 독창적이었음을 알려주는 대목이다.

지금 남쪽의 많은 사람들이 개성이 개방되어 박연폭포를 찾아 서경덕과 황진이의 유적을 돌아보고 있다. 오늘날 개성 삼절의 유적지는 잘 보존되어 있다.

이언적
당쟁에 희생된 성리학의 거두

옛 사람들은 평안도 강계라는 땅이 어디에 있는지조차 몰랐다. 그나마 유식한 사람조차 이곳이 여진 땅에 속해 있고, 오랑캐가 득실거리는 땅이라고 생각했을 지경이었다. 그도 그럴 것이 강계는 저 높디높은 적유령을 넘어 황청동산 아래에 자리 잡고 압록강을 뒤편에 두고 있다. 압록강이 백두산에서 시원해 황해로 들어가는 중간, 이를테면 압록강 중류쯤에 자리 잡고 있었다. 그러니 강계는 첩첩산중일 수밖에 없었다.

원래 이곳은 발해 땅이었는데 발해가 망하자 여진 사람들이 강을 건너와 차지했다. 조선조 세종 때 이 땅을 회복해 여연, 무창, 우예, 자성의 4군을 두었지만, 여진 사람들은 여전히 이곳에서 노략질을 일삼고 분탕질을 계속했다. 그러자 조정에서는 성을 쌓고 많은 군대를 배치했고, 남쪽에 사는 가난한 농군을 데려다가 이주시켜 농사를 짓도록 했다. 그런데도 오랑캐의 노략질은 끊이지 않았고 이주민들도 오랑캐의 등쌀에 이곳에서 도망쳐 나왔다. 조정에서는 이곳의 방비에 너무 많은 물자와 인력이 들어 4군을 폐하는 수밖에 없었다.

그러다가 세조가 여진 사람(또는 야인)들의 발호를 크게 걱정해 일대 정벌을 단행했다. 그리고 강계부에 진보鎭堡를 더 설치하고 많은 백성을 이주시켰다. 이런 곳이니 부사들도 이곳으로 부임하는 것을 꺼렸다. 이곳에 부임하게 되면 야인들과 싸울 걱정이 앞섰기 때문이다. 그리고 일반 백성들 역시 농사를 지으면서도 지은 농사를 야인들에게 빼앗기지 않을까 전전긍긍해야 했다.

이런 강계가 유명해진 것은 유배지였기 때문이다. 원래 유배지는 서울에서 3천 리는 떨어져야 제구실을 하는 것으로 법에 정해져 있다. 그러나 우리나라는 땅이 좁아 서울에서 3천 리나 떨어져 있는 곳이 없다. 따라서 육지의 오지나 바다의 절도가 유배지로 곧잘 이용되었다. 함경도와 평안도의 오지를 남쪽의 외로운 섬과 함께 유배지로 활용했던 것인데, 그 중 하나가 바로 강계이다. 1547년(명종 2) 이곳 강계에 회재晦齋 이언적李彦迪(1491~1553)이 유배를 가게 되었다. 그리하여 조정에서도 이곳을 모르는 사람이 없었다.

강계로 유배를 떠나다

그러면 이언적은 어떤 인물이었는가? 그는 경주 사람으로, 과거를 통해 벼슬자리에 나왔지만 시골 선비에게 좋은 자리가 주어질 리 없었다. 그는 오랫동안 한직에 맴돌았다. 연산군과 중종이 왕위에 있을 적에는 사화가 연달아 일어나 많은 선비들이 떼죽음을 당했다. 이에 뜻있는 선비들은 조정을 떠나 낙향해 살면서 학문에만 몰두했다. 이런 상황에서 경학에 밝은 선비인 이언적은 무슨 사정이 있었는지 조정에 나와 있었다.

당시는 이른바 대윤大尹으로 일컬어지는 윤임尹任 일파와 소윤小尹이라고 일컬어지는 윤원형尹元衡 일파가 조정의 주도권을 놓고 암투를 벌였다. 자연히 벼슬아치들은 앞날을 위해 어느 한 일파에 가담해야 했고, 한 파가 득세하면 다른 파는 밀려나게 되었다.

이런 가운데 중종이 죽고 인종이 왕위에 오르자 임금은 많은 인재를 중용했다. 그 중 한 사람이 바로 이언적이다. 이언적은 이 기회를 타서 임금에게 도학정치를 강조하고 바른 정치를 위해 노력했다. 그러나 이것은 잠시뿐이었다. 인종이 재위한 지 7개월 만에 죽은 것이다.

뒤를 이은 명종은 나이가 어려 문정왕후 윤씨가 수렴청정을 하게 되었다. 문정왕후는 윤원로尹元老를 해남에 귀양을 보내고 이어 윤임마저 사약을 내려 죽였다. 그리고 윤임 일파를 제거했는데 이때 유배당하거나 죽은 벼슬아치가 1백여 명에 이르렀다. 이것을 을사사화라고 부르는데, 이를 막후에서 조종한 인물이 바로 윤원형이다.

이언적은 중종 재위 때에 사간이라는 언관 직에 있으면서 바른말을 잘했다. 당시 조정에서 쫓겨나 있던 김안로가 조정으로 복귀하려는 조짐을 보이자 그는 김안로의 비행을 들어 이를 적극적으로 반대했다. 이 일로 그는 중종의 미움을 받아 파직을 당했다.

그는 젊은 기백에 차 있었으나 온갖 시름을 잊으려 옷깃을 털고 고향 경주로 돌아왔다. 그리고 자옥산의 기이한 바위와 그 아래 흐르는 계곡물을 벗해 양동에 터를 잡고 독락당獨樂堂을 지었다. '독락'은 '홀로 즐긴다'는 뜻이니 이곳에서 학문에 열중할 결심을 굳힌 것이다. 이언적은 자신의 의지대로 7년 동안 독락당에 묻혀 학문에만 열중했다. 그리하여 많은 학문적 업적을 냈고, 이 업적은 뒤에 이황과 영남의 선비들에게 고스란히 전수되어 뒷날 회퇴晦退학파의 줄기를 확립했다.

한번은 어느 경주 사람 하나가 조정으로 돌아온 김안로에게 뇌물을 써서 벼슬을 얻게 되었는데, 김안로는 그 사람에게 특별히 "부디 이언적이 모르게 하라"고 일렀다고 한다. 큰 권력을 쥔 김안로가 젊은 이언적을 얼마나 두려워했는지를 잘 보여주는 일화이다.

이후 김안로가 여러 가지 비리를 저질러 조정에서 다시 쫓겨나게 되자 이언적은 다시 벼슬자리에 나오게 되었다. 그러다가 을사사화가 일어나자, 윤원형 일파는 그에게 문초관問招官(범죄 사실을 문초하는 관리)을 시켰다. 그는 난감하지 않을 수 없었을 것이

독락당 '홀로 즐긴다'라는 뜻의 독락당. 이언적은 당시 사화 등으로 어지러운 세상을 등지고 이곳에서 오로지 학문에만 열중하여 많은 학문적 업적을 남겼다.

다. 바른 선비의 몸으로 권신의 하수인이 되었으니 말이다. 그러나 이때 그는 윤원형 일파의 압력을 거부하지 못했다.

그는 어느 정도 문초관의 소임을 다해 공신의 반열에도 오르게 되었다. 비록 온갖 협박을 받아 어쩔 수 없이 문초관이 되었지만 꼿꼿한 선비의 기개를 보여주지 못했다고 보아야 할 것이다. 그러나 그는 문초관이 된 뒤 남몰래 이리저리 주선해 많은 선비들을 죽음에서 구제했다. 이 사실이 입에서 입으로 전해져 그는 윤원형 일파의 미움을 받게 되었고 끝내 이 일로 귀양을 가게 되었다.

당시 이언적은 임금에게 "일이란 반드시 광명정대해야 하옵니다. 그렇지 않으면 사람에게 화를 미칠까 염려되옵니다"라고 아뢰었다. 그러나 광명정대가 바로 윤원형 일파의 술수를 빗댄 것으로 지목되었고, 이런저런 막후의 음모로 끝내 조정에서 쫓겨나 저 멀리 험한 강계로 귀양살이를 가게 된 것이다.

귀양을 가라는 명이 떨어졌을 적에 온 집안 식구들이 울부짖었을 것은 너무나 당연하다. 당시 강계로의 귀양살이는 죽음의 길이나 다름없었기 때문이다. 그러나 그는 태연히 웃으며 이렇게 말했다. "어머님을 잘 모셔라. 하늘이 위에 계시니 내가 오래지 않아 돌아올 것이다." 그러고는 행장을 꾸려 유배지 강계로 떠났다. 서출인 외동아들 이전인이 그를 따라나섰다.

아들에게 학문을 전수하다

강계의 여염집에 거처를 정한 그는 생활이 말이 아니었다. 원래 가난한데다 청렴했기 때문이다. 그래서 귀양살이에서도 끼니를 잇기가 힘들었다. 이럴 때에 마음씨 좋은 고을원이라도 만나면 편의를 제공받을 수 있겠지만 당시 강계부사에게서 도움을 받았다는 기록이 없는 것으로 보아 푸대접을 받았던 것 같다. 그리고 경주에서 강계는 끝에서 끝이 아닌가? 설령 고향집에서 생필품을 보내고 싶어도 여간 어려운 일이 아니었을 것이다.

게다가 강계는 얼마나 추운 곳인가? 겨울에 옷이 얇아서 견디지 못할 지경이었다. 어느 날 동지同知 벼슬을 하고 있는 장세호가 북경에 가는 사신 일행에 끼어 따라갔다가 강계로 그를 찾아왔다. 이때 장세호는 낡고 얇은 옷을 입고 추위에 떠는 그를 보고 "이 사람이 아무리 죄를 지었다 하나 조정에서 얼어 죽으라고 하겠는가?" 하고 자기가 입고 있던 여우털 갖옷을 벗어주었다 한다. 장세호는 용기 있는 사람이었음에 틀림없다. 당시 친구나 친지라도 귀양을 간 사람에게 접근하기를 꺼렸고 친구로 지내게 되면 자신에게 화가 미칠까 걱정하기 일쑤였는데, 그는 용감히 옷까지 벗어주었다.

이언적은 이곳에 유배된 지 8개월 만에 어머니의 부음을 받았다. 이에 대해 이런 기록이 전한다.

> 수천 리 밖에서 부음을 받으시고 어머니가 입던 옷을 모셔서 신위를 차려놓으시고 아침·저녁과 초하루·보름마다 전奠을 행하시었다. 정성과 공경을 다하시어 상기喪期가 넘도록 피눈물로 곡읍하시니 날로 몸이 쇠약해지셨다.
>
> 이전인『관서문답록關西問答錄』

이처럼 그는 효성스러웠다 한다.

추위와 주림을 참으며 유배생활의 나날을 보내는 가운데 그는 조용히 책읽기에 몰두했다. 아들 이전인은 매일 아버지 앞에 무

룡을 꿇고 글을 익혔고 때로 학문에 관해 질문을 했다. 이 내용
을 이전인은 뒷날『관서문답록』이라는 책으로 엮어냈다. 이언적
은 귀양살이 6년 만에 병을 얻어 강계에서 죽었다. 기후가 다르
고 물이 다른 이곳에서 풍토병을 얻었던 것이다.

이언적이 벼슬을 얻어 서울로 떠날 때 어머니가 그다지 즐거
워하지 않자 이런 시를 남겼다고 한다.

가는 길이 더디고 더딘데 잠시 또 머무네
어렴풋이 경개가 옛 숲 속 언덕에 감도는구나
말하노니 원숭이와 학은 놀라지 말고 원망도 마라
머리 희기 전에 인끈 던지고 산으로 돌아오리

그는 이런 의지대로 살지 못했다. 오늘날 국토가 분단되어 이
한의 땅을 돌아볼 수 없어 안타깝다. 경상도의 영남학파 학맥은
회재와 퇴계를 원류로 한다. 지금 그와 관련된 유적은 경주 양동
일대에 널려 있다.

2부

유교철학 논쟁

이황/　조식/　기대승/　최한기/　김평묵/

전후 여섯 차례에 걸쳐 서신으로 이루어진 이황과 기대승의 사칠논변四七論辨은 조선 후기의 성리학을 주리파와 주기파로 나누는 시원이 되었고, 조선 말기의 호론·낙론의 논쟁로까지 몰고갔다. 율곡 이이와 우계 성혼의 논쟁도 여기에서 발단한다.

이황
교육과 학문 연구를 겸비한 성리학의 대스승

우리나라에서 가장 많은 저술을 남긴 학자 두 사람을 꼽는다면 하나는 퇴계退溪 이황李滉(1501~70)이요, 또 하나는 다산 정약용일 것이다. 이황은 성리학이 가장 크게 일어날 적에 이의 체계를 세우고 새로운 학설을 덧붙여 집대성했고, 정약용은 현실개혁의 논리로 사상, 제도 등을 여러모로 살펴보고 정리해 날카롭게 현실을 고발했다. 각기 시대가 처한 환경에 따라 학자, 사상가로서의 면모를 여실히 나타냈다.

이황은 새재 너머 후미진 경상도 예안에서 진사를 지내던 아버지 밑에서 태어났다. 그저 그런 시골 양반 가문이었는데 어릴 적에 숙부 이우에게서 글을 배웠다. 그 뒤 거의 혼자서 독학을 하며 학문을 익혔다. 그는 향리에서 학문을 익히다가 20대 후반에 진사가 되고 30대 초반에 문과에 합격했는데, 그의 총명과 학문적 깊이로 따져보면 늦게 벼슬길에 들어선 셈이다.

그 뒤 아주 순탄하게 관계의 길을 걸었다. 비록 1545년 을사사화로 잠시 벼슬자리가 떨어지기는 했으나 곧 복직되어 조정에서 활동했다. 그는 두 차례나 지방의 수령으로 나가서 백성의 고통과 농촌의 현실을 보고 겪었다. 그리고 두 차례나 유학교육기관인 성균관의 책임자로 있었다. 그는 성균관 대사성으로 있으면서 철저한 유학교육을 시켜 관리를 양성했는데 뒷날 이들은 여론형성의 중심세력이 되었다.

그의 벼슬길은 막힘이 없어 판서 등을 거쳐 학자 문사의 최고 영예인 양관대제학兩館大提學이 되었다. 마지막 벼슬인 대제학을 받은 그는 나이 일흔에 가까워 뜻을 학문에 두고 고향으로 돌아가기로 작정했다. 그러고는 거듭 출사出仕하라는 선조의 권유를 뿌리치고 『성학십도聖學十圖』만을 바치고 다시 하향했다. 선조 임금의 간곡한 권유를 끝내 뿌리쳤던 것이다.

이황이 고향에 돌아가려고 뚝섬에서 나룻배를 기다리고 있을 적에 그를 전송하기 위해 기대승 등 수백 명의 후배, 제자들이 몰려나와 눈물로 이별했다고 전한다. 그는 뒤를 돌아보면서 새로운 결의를 다졌다. 그의 움직임 하나, 말 한 마디가 제자들에게 큰 영향을 주었다. 벼슬을 버리고 고향에 돌아온 그는 평생 소망하던 학자의 길, 학문탐구의 여가를 갖게 된다.

자기 수양과 단련에 힘쓰다

이황은 벼슬자리에 있으면서도 학문을 조금도 게을리 하지 않았다. 일찍부터 주자학을 깊이 연구해 이기이원론理氣二元論을 확립시켜 끊임없이 수정·보완을 거듭했다. 이기론을 쉽게 설명하면, 인간은 본래 착한 바탕(理)이나, 태어나 살다 보면 선이 되기도 하고 악이 되기도 한다(氣)는 것이다. 따라서 '이'를 바탕으로 해 끊임없이 자기 수양이나 교육을 통해 연마해야 한다고 했다. 이 때문에 그를 주리론자主理論者라 단정한다.

그는 밤낮을 가리지 않고 쉴 새 없이 공부를 거듭했다. 하루 내내 꼿꼿이 앉아 책을 읽었고, 머리가 아프면 꽃을 보며 시를 지었으며, 해답을 얻기 위해 끊임없이 사색에 잠기기도 했다. 어릴 적부터 이런 나날을 보냈기 때문에 여느 사람들은 그를 아주 파리한 샌님쯤으로 여겼을 것이요. 또는 아주 근엄한 스승쯤으로 여겼을 것이다. 실제 그가 규칙적인 생활을 했다든지, 술을 지나치게 마시지 않았다든지, 놀이에 지나치게 빠지지 않았다든지 하는 이야기들이 전해진다. 그러나 그의 생활은 결코 단조롭지 않았고 그렇다고 본능을 지나치게 억제하지도 않았다.

이런 이야기가 전해진다. 스무 살 장가를 들 때였다. 당시 그는 상당히 높은 학식을 지닌 청년으로 소문이 나 있었다. 장모는 첫날밤이 여간 염려스럽지 않았다. 그런 도학군자에게 딸을 시집보냈으니 아내를 거들떠보지도 않을까 걱정스러웠던 것이다. 이튿날 장모는 신방에서 나오는 딸을 붙들고 은근히 물어보았다.

"신랑이 귀여워해주더냐?"

"말도 마시소. 개입디더."

물론 이 이야기는 민간에서 우스개로 전해지는 것이다. 그러나 그가 도학자인 체 본능을 억제한 인물이 아니라는 것을 시사해준다. 그리고 아내가 옷을 제대로 지을 줄을 몰라 아주 볼품없게 만들어 주어도 개의치 않고 입고 다녔다 한다. 사람들이 이를 보고 그를 소탈하고 격식에 구애받지 않는 인물이라고 했다 한다. 이런 그였지만 학문에 몰두할 적에는 천둥이 치는지 벼락이 치는지 마당에 널어놓은 나락이 떠내려가는지도 모를 정도였다.

그에게는 평생에 걸쳐 실천한 건강법이 있다. 하나는 아침에 변소에 가 있을 적에 이를 마주치는 일이었다. 그는 변소에 앉아서 아랫니와 윗니를 힘껏 부딪쳐서 턱에 힘을 주는 일을 적어도 50번 이상씩 반복했다. 이 운동은 이를 튼튼히 함은 물론 항문과 함께 전신운동이 된다. 예전에는 틀니도 치과전문의도 없었으니 노인에겐 치아 건강이 무엇보다 중요했다.

이 운동을 반복한 그의 이가 늙어서도 건강하게 유지되었을 것임은 틀림없다. 그리고 단전호흡을 했는데, 그는 이것에 상당한 지식을 가지고 연달아 실험을 했다고 전해진다.

또 다른 하나는 투호놀이다. 이황 자신이 투호를 하기도 했지만 이를 제자들에게도 끊임없이 시켰다 한다. 투호란 살을 일정한 거리에 둔 병에 던져 넣는 놀이다. 투호를 통해서 그는 두 가지 효과를 거두고 있었다. 투호는 온몸의 균형을 잡고 거리를 정확히 측정해야 적중률이 높다. 몸이 흐트러지면 결코 제대로 맞힐 수 없다. 그리고 정신력을 집중해야 한다. 무슨 일이든지 정신력의 집중이 중요하지만, 투호는 잡념이 생겨 정신이 산란해지면 결코 명중시킬 수 없다.

그는 건강을 다지면서 정신집중을 하기 위한 투호를 생활 속에 도입했다. 그리하여 글을 배우러 오는 사람에게 먼저 투호를 시켜보았다. 그리고 그 사람의 투호 솜씨를 보고 건강을 점쳐보고 학문을 할 수 있는 덕이나 집중력을 가졌는지를 가늠해 보았다. 그리고 그 바탕을 기초로 제자들에게 학문과 인생을 가르쳤다.

이황의 성격은 대단히 차분하고 합리적이었다고 전해진다. 다시 말해서 슬픔이나 기쁨을 지나치게 드러내지 않고 음식이나 놀이에도 정도를 넘지 않았다는 것이다. 그리고 무슨 일이든 조급하게 서두르지도 않았다. 이것은 그의 본성이라기보다는 깊은 철학적 성찰에서 터득한 것이리라. 조금 딱딱한 말 같지만 우주의 본체가 무엇인가, 인간의 본바탕은 무엇인가를 골몰히 연구하면서 자신의 사고와 행동에 자연스레 철학이 배어든 것이다. 이런 사고와 행동으로 인생을 살았기에 그는 위대한 학문적, 사상적 업적을 낳을 수 있었다.

교육에 관심을 기울이다

이황은 두 가지 일에 역점을 두었다. 하나는 교육운동이다. 그가 풍기군수로 있을 적에 백운동서원을 최초의 국가공인 교육기

도산서원 이황이 죽은 지 4년 뒤 제자들은 도산서당 뒤편에 여러 건물을 짓고 도산서원을 이룩해 그를 기리는 위패를 모셨다. 그리고 이황이 쓰던 자리, 배게, 문방구, 투호 도구 등을 보관했는데 오늘날까지도 그대로 간직하고 있다.

관으로 만들어 학자들이 공부하게 했고, 성균관 대사성의 자리에 있으면서 학문하는 분위기를 길렀으며, 고향에 돌아와 도산서당을 일으켜 본격적으로 제자를 양성했다.

그는 성균관의 유생을 자기 세력으로 만들었다는 비난을 받기도 했고, 뒷날 영남학파를 형성해 당쟁에 휘말리게 했다는 꾸짖음도 들었다. 그러나 그가 후배를 양성하려는 열정을 결코 나무라서는 안 될 것이다. 그 열정으로 인해 그의 문하에서 유성룡, 김성일 같은 쟁쟁한 벼슬아치와 정구, 김우옹 같은 학자들이 배출될 수 있었다.

다른 하나는 학문 연구이다. 그는 성리학만이 아니라 치도治道의 요체, 자기 수양방법, 현실 개혁 등에 관한 저서를 많이 남겼다. 그는 저술에 매진하면서 임금에게 때로는 편지로 가르치기도 하고 수양하는 방법을 일러주기도 했다. 그의 이런 학문적 깊이는 임금들의 귀감이 되었고 뒷날 후학들에게 큰 영향을 끼쳤다. 일본의 메이지유신 때 그의 학문은 하나의 지도이념으로 활용되기도 했다.

그의 성품은 늘 겸허했다. 높은 벼슬자리에 있을 적에도 오만을 몰랐으며, 남에 대한 이해심이 두터웠다. 고향에 돌아와 있을 적에도 고관티를 내기는커녕 나라에 내는 조세 따위를 맨 먼저 가져다 바치게 했다.

그는 도산서당의 앞뜰 가운데에 작은 정자를 지었다(지금은 안동 댐 때문에 물이 이 들판을 가득 채우고 있다). 그 정자에서 그는 인생과 학문을 생각하며 만년을 보내다가 고향에 온 지 3년이 못 되어 조용히 인생을 마감했다.

그가 죽을 적에 유언을 남겼는데, 명정에 일반 관례처럼 벼슬 이름은 절대 쓰지 말고 '처사이공지구處士李公之柩'(처사로 지낸 이공의 영구)라고만 쓰라고 했다. 다시 말해 이황은 많은 벼슬을 했으나 참모습은 학문하는 선비이기에 일반적 격식인 벼슬 이름을 못 쓰게 했던 것이었다. 그런데 뒷날 이 말을 들은 지리산 밑에 사는 남명 조식이 이렇게 말했다.

"진짜 처사는 나지, 퇴계가 할 벼슬을 다 하고 처사라고 자처한

이 말도 새겨볼 만하나 그렇다고 이황의 참뜻이 손상되는 것은 아닐 것이다. 이황은 학자로서는 드물게 여러 벼슬을 모두 누렸다. 하지만 바른 정치를 펴려고 늘 노심초사했다. 또한 그의 학문적 업적은 어느 누구도 따라가기 힘들 정도이다. 하지만 이것에 대해 독창적이라기보다는 주자의 학설을 충실하게 따라 부연했다는 지적도 있다. 사실 이런 면이 전혀 없지 않을 테지만 그는 너무나 높은 준령이기에 쉽게 넘을 수가 없다.

그가 죽은 지 4년 뒤 제자들은 도산서당 뒤편에 여러 건물을 짓고 도산서원을 이룩해 그를 기리는 위패를 모셨다. 그리고 이황이 쓰던 자리, 베개, 문방구, 투호 도구 등을 보관했는데 오늘날까지 그대로 간직하고 있다. 도산서원에서는 무수한 인재를 길러냈는데 19세기 서원철폐령이 내려질 때에도 철폐 대상이 되지 않았다.

그가 죽고 난 뒤에 학파가 생겼다. 이 학파는 향리의 학문풍토를 조성했고 때로는 중앙의 관계를 주름잡았다. 그리고 당파가 동인, 서인으로 갈라질 때 동인 계열에서는 퇴계를 내세우고 서인 계열에서는 율곡을 내세우면서 다툼질을 벌인 모습은 아름답지 못했다.

한편 그는 너무 우뚝한 학자여서 그를 따르는 학파의 흐름이 그를 지나치게 추앙해서 권위주의적 경향으로 치우쳤다. 뒷날 그의 학파에서 그만한 학자를 배출하지 못한 것은 아쉬운 일이

다. 권위주의적 경향이 퇴계의 학설을 비판하거나 수정하는 발
전적 학문풍토를 막았던 것이다.

조식
명리와 권력을 벗어던진 도학자

퇴계와 쌍벽을 이루다

조선 중기 기득권을 누리고 있던 권신들에 맞서 진보적인 사림세력이 조정에 들어와 새로운 기풍을 일으키고 있었다. 그리하여 조정의 기강이 잡히고 참신한 바람이 불었다. 그러나 신진사류로 일컬어지는 이들 조광조 일파는 몇 년이 못 되어 권신들의 모함으로 떼죽음을 당했다. 뒤를 이어 문정왕후가 어린 명종을 끼고 앉아 정치를 농단했고 척족세력인 윤원형, 윤임 등 윤씨의 발호가 시작되었다.

이때에 경상우도 합천에 한 청년이 살고 있었다. 바로 남명南冥 조식曺植(1501~72)이라는 도학자이다. 조식은 부모의 덕을 보지 못했다. 아버지는 이조정랑 같은 벼슬을 했으나 재산은 별로 지니지 못했다. 가난 속에서 글공부를 해 과거 초시에 합격했다. 그러나 조광조가 죽고 난 뒤 그 세력에 가해지는 탄압을 보고 과거공부를 포기했다. 스물여섯 살에 아버지가 죽을 무렵 문정왕후의 발호가 시작되자 "시사時事 돌아가는 꼴을 알 만하다"고 한탄하면서 다시 한번 벼슬할 마음을 굳게 끊었다.

처가가 있는 김해 땅 탄동으로 옮겨간 그는 산해정山海亭을 짓고 학문에 열중했다. 그리고 바다를 바라보며 학문을 익히다가 때때로 뜻 맞는 선비들과 어울려, 이를테면 도의지교道義之交를 맺었다.

그러나 그에게도 심적 갈등은 있었다. 과거에 대한 꿈은 버렸건만 가난탓인지 다시 과거를 보았다가 낙방했다. 그는 성인의 학문에만 열중하고 별도의 과거공부를 소홀히 해 떨어졌다. 그의 갈 길은 분명하게 드러났다. 그 동안 몇 차례 과거를 본 것은 부모의 뜻을 따르기 위한 경우가 많았는데, 이때 그는 어머니에게 다시는 과거에 나가지 않겠다고 맹세했다.

그의 나이 장년에 들어서는 명성이 크게 일어나서 '경상좌도의 퇴계와 경상우도의 남명이 있다'는 찬사를 받았다. 이런 탓으로 경주 출신 이언적은 그를 명망 있는 선비로 조정에 추천해 헌릉참봉이 내려졌다. 그의 나이 서른여덟 살 때였다. 그는 이 자리에 나가지 않았을 뿐만 아니라, 몇 년 뒤 이언적이 경상도 관찰사로 부임해와서 그를 만나보고 싶다는 편지를 보내자 "대감이 벼슬자리에서 물러난 뒤에 찾아뵈어도 늦지 않을 것입니다"라는 답서를 보냈다. 어찌 보면 불손하기도 했으나 시세와 적당히 타협하지 않으려는 그의 굳은 결의를 나타낸 것이었다.

이후 조정에까지 그의 명성이 알려져 조정의 신임을 두텁게 받고 있던 이황이 그를 추천하여 단성현감 같은 6품의 자리가 주어졌다. 그러나 그는 요지부동으로 결코 처음 뜻을 굽히지 않았다. 이황은 그에게 조정에 나와 세상을 바로잡아보라는 편지를 보냈다. 그는 이에 결연한 답서를 보냈다.

지금 조정은 헛된 이름을 차지하고 한 세상을 속여서 임금을 그르치고 있다. 남의 물건을 훔치는 것을 도적이라 이르거늘 하물며 하늘의 물건을 훔치는 데에야 말할 나위가 있는가?

'하늘의 물건'은 곧 임금의 물건인 벼슬을 의미한다.

그 뒤 번잡한 김해의 산해정에서 벗어나려고 조용한 곳을 찾았다. 지리산 일대를 돌아본 그는 마침내 산청 쪽 덕천에 터전을 잡았다. 회갑을 맞는 나이 때였다. 그는 이곳 냇가에 1555년 산천재山天齋를 짓고 본격적으로 제자를 길러내는 데 온 힘을 기울였다. 그리고 지리산의 사슴이 뛰어노는 모습을 바라보며 자족의 삶을 구가했다.

온갖 명리를 끊다

그가 산천재에서 글을 가르치자 김우옹, 최영경, 정구, 정인홍 같은 당시의 촉망받는 청년들이 찾아들었다. 그는 그 청년들에게 의리를 가르치고 처신을 일러주었다. 그 스스로 방울을 차고 다니며 자신을 깨우쳤고, 칼을 머리맡에 놓고 결단을 다짐했다. 이 방울과 칼은 그의 상징물이 되었다. 조식의 행동거지는 엄격했고 제자들은 이를 터득해나갔다. 뒷날 제자들은 조정에서 벼슬살이를 할 때나 고향에서 학문을 익힐 적에 스승의 가르침을 충실히 따랐다.

그의 나이 예순여섯 살 때에는 판관이라는 벼슬이 내려졌다. 그는 서울로 올라와 어린 명종을 만나 이렇게 아뢰었다.

> 지금 백성들의 이산離散은 물이 흐르는 것과 같습니다. 이들을 구하려면 불난 집에 불을 끄는 것과 같이 시급하게 해야 합니다. ……아녀자에게 정치를 맡겨서는 안 됩니다. 임금이 성년이 되었으니 친정을 해야 합니다.

이 말을 남기고 분연히 옷깃을 떨치며 돌아왔다. 이 말은 문정왕후를 '아녀자'로 비유했다 하여 많은 말썽을 빚었지만 한편으로는 꼿꼿한 선비라는 칭송을 들었다. 그 뒤에도 그에게 계속 벼슬이 내려졌으나 다시는 서울에 발을 들여놓지 않았다.

이황이 그보다 2년 먼저 세상을 떠났다. 서로 한 번도 만나보지는 못했으나 대단히 애통해했다. 앞서 살펴본 것처럼 이황의 명정 관련 유언에 대해 남명이 "진짜 처사는 나지, 퇴계가 할 벼슬을 다 하고 처사라고 자처한다면 사리에 어긋난다"고 한 것은

지리산 천왕봉 지리산은 남명 조식에게는 운명 같은 산이었다. 남명은 천왕봉이 바라다보이는 덕천에 『주역』에서 따온 '산천재'라는 편액을 걸고 그 결기를 닦으며 수많은 제자를 길렀다.

그의 철저한 은자적 선비 정신을 엿보게 한다. 남명이 죽고 난 뒤 그에게는 최고의 증직인 영의정이 주어졌다. 죽은 뒤 최고의 영예가 내린 것이다. 그의 이름은 후세에 더욱 빛을 보았고 제자들은 그의 의리와 행동철학을 배워 오늘날에도 잇고 있다. 그의 삶은 온갖 명리를 끊고 담담하게 살아갔고 또 불의와 비리를 멀리했다는 데 가치가 있다.

남명의 산 지리산

한편 그에게는 다른 평가가 따르기도 했다. 그가 만년에 늘 바라보던 지리산을 두고 지은 시를 보자.

> 저 천석들이 종을 보시오
> 크게 두드리지 않으면 소리가 없다오
> 어찌해 하늘이 울어도 울지 않는
> 두류산과 같으오

『남명문집南冥文集』

여기에서 두류산은 곧 지리산을 가리킨다. 자신을 지리산에 빗대 읊은 비유를 동원한 것이다. 그의 굳은 신념이 잘 드러나며 그의 인생관이 잘 나타나고 있다.

그런데 이를 두고 논란이 일어났다. 그의 삶이 너무 세상과 동떨어져 오활迂闊하다거나 정도를 넘어 고항高亢하다는 것이다. 이런 평가가 전혀 틀린 것은 아닐 것이다. 하지만 이는 그의 노장학적 분위기를 전해주는 표현이기도 하다.

진주 일대는 그의 학문과 실천을 잇는 고장이었다. 오늘날 명리에 붙고 권력에 허덕이는 모습을 보며 새삼 조식의 출처를 살펴보게 된다. 오늘을 사는 사람들이 조식의 정신에 관심을 기울여봄이 어떨지…….

조식의 유적은 오늘날 김해와 산청 일대에 보존되어 있어 많은 사람들의 발길을 끌고 있다. 지리산과 남명, 분명히 정신사적 맥을 연결해 주고 있다.

기대승
재기 넘치는 논객

이황과의 짧은 만남 긴 이별

한강은 도도히 쉼 없이 흐르는데
선생의 가심을 어찌 말리랴
모래밭 가에 머뭇거리며 돛 당기는 곳에서
이별의 슬픔 헤아릴 수도 없네

이 시는 고봉高峯 기대승奇大升(1527~72)이 이황과의 이별의 슬픔을 읊은 것이다. 이황은 선조의 부름을 받고 잠시 향리에서 올라왔다. 이때 30대 초반의 청년 기대승은 오랫동안 학문적 명성을 듣고, 또 서신으로 학문적 논쟁을 벌였던 이황을 직접 만나보고 형언할 수 없는 기쁨을 맛보았다. 그러나 그것도 잠시였다.

이황이 학자의 길을 걷기 위해 다시 안동으로 돌아가는 길이었는데 한강나루까지 배웅 나온 기대승은 이황의 심중을 누구보다도 잘 헤아리며 이 시를 읊었다.

학자로서 더 높은 평가를 받다

기대승은 기묘사화가 있은 지 8년 뒤에 태어났다. 숙부 기준은 조광조의 문인으로 참신한 사림파의 한 사람이었고, 신진사류가 참변을 당할 때 두 번의 귀양 끝에 교살당해 기묘명현己卯名賢이 되었다. 아버지 기진은 아우의 죽음을 보고는 식솔을 데리고 광주에 거처를 정하고 천거된 벼슬도 사절, 학문에 전심했다. 기대승은 이런 지조와 절의를 지킨 가정적 분위기 속에서 남다른 명민함과 자질로 학문 연마에 몰두해 스무 살이 되기 전에 성리학에 일가견을 이루었다.

기대승은 감수성이 예민한 열아홉 살 때 을사사화를 목격했다. 그리고 기묘사화에 대한 이야기도 익히 들었다. 이상과 순일純一의 세계를 헤매던 그는 이 피비린내 나는 권력다툼을 보고 심한 충격을 받았다. 그리고 식음을 전폐하다시피 하고 두문불출하며 자경설自警說을 지어서 스스로를 경계함과 동시에 좌우명으로 삼았다.

조선시대의 학자 대부분이 관계에 발을 들여놓았듯이, 그도 스물세 살인 1549년에 사마시司馬試에 합격했다. 그러나 최종 시험인 알성시謁聖試에서는 낙방의 쓰라림을 맛보았다. 이유인즉 성적이 지나치게 좋아서 윤원형이 낙방시켰다고 한다(『고봉집高峰集』「연보」). 어처구니없는 이야기처럼 들리지만 사림파의 반대세력이었던 윤원형이 기묘명현의 후예를 등용시키지 않으려는 음모였는지도 모른다.

이후 기대승은 다시 과거에 도전해 1558년 식년문과式年文科에 을과乙科로 급제해 사관이 된 이후, 주서注書와 사정司正 등을 거쳐 1567년에는 명나라 사신을 맞이하는 원접사遠接使의 종사관이 되었다. 선조가 즉위한 뒤 낮은 벼슬을 거쳐 1570년에는 대사성이 되었고, 1572년에는 대사간을 잠시 지내고 나서 병이 들어 귀향하다가 고부에서 객사했다.

그가 출사한 지 14년 동안 정3품의 당상관에 오르면서부터 파란이 잇따랐다. 기대승이 사정으로 있을 무렵에는 신진사류의 영수로 지목되어 훈구파에 의해 벼슬이 떼이는 불운을 겪었고, 대사성으로 있을 때는 영의정 이준경과의 의견충돌로 해직당하는 쓰라림을 맛보았다. 그 뒤 다시 대사성에 복직되었을 때는 사퇴했고, 부제학으로 복직되었을 때도 역시 사퇴했다. 이 출사기간 동안 그는 기묘사화에 희생된 조광조, 이언적의 추증追贈을 건의하는 용기를 보였고, 명나라에 보내는 종계변무宗系辨誣(왕실의 계통이 중국측 기록에 잘못 기록된 것을 바로잡는 일)의 주문奏文을 써서 문명을 떨치기도 했다. 이와 같은 모습은 기대승의 정치가 또는 벼슬아치로서의 면모를 보여준다. 그러나 그는 학자로서 더 높은 평가를 받고 있다.

기대승은 선배 이황과 『맹자孟子』에 나오는 사단四端, 곧 인의예지仁義禮智의 본성에서 나타나는 네 가지 실마리인 측은惻隱·수오羞惡·사양辭讓·시비是非와, 『예기禮記』의 「예운편禮運篇」에 나오는 칠정七情, 곧 일곱 가지 감정인 기쁨〔喜〕·노여움〔怒〕·슬픔〔哀〕·즐거움〔樂〕·사랑〔愛〕·미움〔惡〕·욕심〔欲〕에 대한 논변을 벌이면서, 학자로서 정확하고 명쾌한 논리를 과시하기 시작했다.

이 사칠논변四七論辨은 철학적 문제이므로 여기서는 어려운 논변의 설명은 생략하기로 한다. 단지 전후 여섯 차례에 걸쳐 서신으로 이루어진 이 논변은 조선 후기의 성리학을 주리파와 주기파로 나누는 시원이 되었고, 조선 말기의 호낙시비湖洛是非(호론·낙론의 논쟁)로까지 몰고 갔음을 밝혀둔다. 그리고 율곡 이이와 우계 성혼의 논쟁 역시 여기서 발단되었다고 볼 수 있다.

그러나 정작 논쟁의 당사자였던 이황과 기대승은 선후배 사이로 서로가 예의를 다해 정중히 대했으며 서로가 배우고 묻는 입장이었다. 이황이 기대승보다 26년 연상이었지만 제자로서보다 학문의 벗으로 대했다고 하며 기대승은 이황을 스승으로 대했다고 한다.

언로의 중요성을 주장하다

기대승에게는 성리학적 탐구 이외에 유자로서의 고매한 인생관과 유교적 실천도덕 위에서 수립된 정치관 등이 있다. 그러나

애일당　고봉 기대승의 후손들이 모여사는 집성촌인 광주 광곡 마을에 있으며, 이곳은 광주의 고택으로도 유명하다.

여기서는 그의 언로에 대해서만 간단히 소개하고자 한다. 기대승은 언로를 여는 것이 바로 민생의 활로라고 보았고 현자를 등용하는 지름길이라고 했다. 기대승은 『논사록論思錄』에서 다음과 같이 지적했다.

천하의 모든 일은 시와 비가 있는 법이다. 이 시비가 분명한 뒤에야 인심이 기꺼이 복종하고 정령政令이 순조로울 것이다. 대체로 시비란 인심에서 나오는 것이 아니라 실은 하늘의 이치에서 나오는 것이니, 한때 비록 가려지기도 하고 잘리기도 하지만 그 시비의 본마음은 끝이 없어지지 않는 것이다. …… 언로는 국가에 있어서 중대사이다. 언로가 열리면 국가는 안정되고 언로가 막히면 국가는 위태롭다. 지금 언로가 환하게 열렸는지는 모르겠다. 앞서 천변天變으로 인해 구언求言한 지 다섯 달이 지난 뒤에야 비로소 상소하는 자가 있었는데, 이제 또다시 언로의 뿌리를 막고 힐문하려 하니 앞으로 진언하는 자가 더욱 없을까 두렵다.

기대승의 언로에 대한 이 같은 주장은 인간의 마음에 있는 시비의 꼬투리를 들어서 현실정치에 반영해야 한다는 것이다. 언로가 막히면 중지를 모을 수 없고 현자를 등용할 수 없을 뿐만 아니라, 궁극적으로 국가에 커다란 손해를 끼친다는 것이다. 이토록 뜻이 높았던 그는 끝내 자기 이상을 펴지 못했고 그만한 관직에 있지도 않았다.

그는 유교적 가치관에 충실하면서 일부 폐단으로 지적된 속유 같은 독선과 아집을 멀리한 고결한 선비였다. 그의 생애는 강직과 청빈으로 일관했고, 관계에 있으면서도 늘 권력욕에 혈안이 된 권간權奸들을 보고 고향에서 학자로서의 생을 마치기를 열망했다. 기대승은 마흔여섯의 장년에 병을 얻어 고향으로 돌아가다가 죽음에 임해 다음과 같은 말을 남겼다.

명이 길고 짧은 것, 죽고 사는 것은 하늘의 뜻이다. 어려서부터 문한文翰에 힘썼고 드디어 성현의 학문에 뜻을 모았다. 중년 이래로 비록 얻은 바 있으나 공부가 독실하지 못해 항상 평소 마음먹은 바에 부응하지 못할까 날마다 두려움 속에서 살았다. 만일 몇 해만 더

임하林下에 지내면서 학자들과 함께 학문을 강구하는 것으로 지새
웠더라면 이것 또한 다행이었을 터인데, 병이 들었으니 어찌할까?

『고봉집』「연보」

이를 미루어보아 기대승이 얼마나 학문 연구를 열망했는지를
알 수 있다. 그는 관계에 몸을 담고 있으면서도 이황처럼 뜻은
늘 전원에 가 있었으며, 죽음에 임해서도 못다 한 학문을 서러워
했다.

이후 후손들 중 그의 학문을 계승한 학자 지사가 많이 배출되
었다. 조선 말기 기정진, 의병장 기우만·기삼연 등이다. 하지만
이들은 정통적 성리학자나 충의열사였으니, 현실개혁의 이론을
낸 실학자나 행동으로 현실을 타개하려는 혁명가와는 구별된다.

최한기
현실개혁사상을 편 기철학의 대가

불우한 시대를 산 지식인의 현실개혁사상

실학사상은 18세기에 꽃을 피웠다가 19세기 첫 무렵에 시들었다. 실학은 잘못된 현실을 바로잡아야 한다는 개혁이론이었다. 19세기 초 문벌정치가 들어서면서 잘못된 현실을 고쳐야 한다는 실학자들의 주장을 외면하고, 권력과 이권을 독점적으로 누리다가 끝내 사회적 갈등이 심화되어 일대 민란의 시대로 접어들었다. 실학의 발전적 이론 또는 새 시대에 맞는 사상이 필요했는데도 이를 멀리했다.

이러한 시대에 살면서 묵묵히 새로운 현실개혁사상을 편 사상가가 바로 혜강惠岡 최한기崔漢綺(1803~77)이다. 그는 별로 세상에 알려지지 않았으나, 1970년대에 들어 새로이 그의 사상이 재조명되었다. 뒤늦게 빛을 보았는데 그럴 만한 이유가 있었다.

최한기의 15대 조상은 세조 때에 영의정을 지낸 최항이다. 최항은 김종서를 죽이고 수양대군이 실권을 잡을 때 참여했고 이어 단종을 몰아낼 적에도 사육신을 배반하고 수양대군을 받들었다. 최항의 아들은 이조판서를 지냈으나 그 뒤 거의 몰락해 한미한 가문으로 전락했다. 이후 문과에 급제한 경우가 하나도 없었다.

아버지 최치현은 글만 읽는 백면서생이었다. 최한기가 열 살 때 아버지를 잃었다. 그는 큰집 재종숙인 최광현에게 양자로 들어갔는데 양부는 무과 출신으로 곤양군수를 지냈다. 그는 양부의 재산을 물려받은 탓인지 그다지 가난하게 생활한 것 같지는 않다. 그가 어디서 태어났는지는 확실하지 않으나 조상 대대의 선산이 개성에 있었던 점으로 보아 경기도 일대에서 산 듯하다.(이우성 『명남루전집』 「해제」)

어린 나이에 생부를 잃은 그는 공부에 열중했다. 그리고 스물세 살 때 생원시에 합격했다. 이것은 삭녕 최씨의 가계로서는 몇백 년 만에 영광을 안겨준 문과 초시 합격이었다. 그러나 그가 좋은 벼슬자리를 얻을 조건이 되지 못했다. 뚜렷한 줄도 없는 판에 안동 김씨가 벼슬을 독점하는 틈새를 비집고 들어갈 수가 없었다.

경험을 토대로 한 철학이론을 펼치다

이 무렵부터 그는 중인들과 어울린 것으로 보인다. 서울에서 활약한 역관 출신이나 서자 출신과 어울렸고, 때로 평민 출신으로 「대동여지도大東輿地圖」를 작성한 김정호와 친분을 가졌다. 이 때문에 그를 종래에는 중인 출신으로 지목했는데 말이 향반鄕班에 들 뿐, 실제 그의 처지가 중인이나 다름이 없었을 것이다.

서른두 살 때인 1834년, 그는 김정호와 함께 세계의 지구도를 만들어 판각했고, 김정호가 제작한 「청구도靑丘圖」에 그 내력을 알리는 글을 썼다. 그가 다른 사람의 저술이나 문집에 덧붙이는 글을 쓴 것은 「청구도」가 처음이요 마지막이었다. 이는 그가 김정호와 각별한 사이였음을 말해준다.

이 무렵 그는 서울의 남대문 부근으로 이사를 왔다. 그리고 많은 저술을 쏟아내기 시작했다. 농사개량, 관개용수 등에 관한 책에 자신의 독창적 견해를 담았다. 그리고 서른네 살 때에는 경험을 토대로 한 철학이론을 전개한 명저를 내놓기 시작했다. 30대 중반에 접어든 그는 사물을 과학적인 방법으로 사고해야 한다는 것을, 사람의 몸을 분석해 비유한 논저인 『기측체의氣測體義』를 완성했다.

이것은 종래의 관념론에서 탈피한 것이다. 이 책은 뒤에 북경에서 출판되어 중국 인사들에게 널리 읽혔다. 이는 서경덕의 『화담집』이 중국의 『사고전서』에 들어간 것과 같은 비중을 차지한다.

이 무렵 양부가 죽었다. 양부의 재산을 상속받은 그는 그것을 관리할 책임을 맡았으나 그의 이재理財에 대한 기록을 찾아 볼 수 없고 또한 생활의 곤궁을 말한 대목도 없다. 이런 점으로 보아 그는 유족한 생활 속에서 계속 저술에 몰두할 수 있었던 것으

로 보인다.

그는 서양의 과학책도 폭넓게 읽어 우리의 사정과 견준 이론을 내놓았다. 그리고 기구의 개량에도 힘을 기울였다. 그가 지은 『심기도설心器圖說』이라는 책을 보면 물건을 들어 올리는 기중기를 여러 가지 제작했고, 물을 끌어올리는 기계, 곡식을 빻는 기계, 나무를 자르는 기계, 기름을 짜는 기계 등 생활도구의 발명에 힘을 쏟았음을 알 수 있다.

이뿐이 아니다. 과학의 필요성을 역설하는 저술을 내면서, 역사는 발전하는 것이기에 옛것에만 집착하면 새로운 것을 얻을 수 없다고 주장했다. 그리고 직업은 무엇이나 각기 나름의 가치를 지니고 있으므로 직업의 귀천을 따져서는 나라의 발전이 없

다고도 했다. 이러한 그의 현실관에 대해 이우성은 이렇게 쓰고
있다.

혜강은 우리나라가 쇄국으로 세계의 진군에 보조를 맞추지 못하
고 혼자 고루한 처지에 떨어져 있음을 개탄하고 개국통상의 필요
성을 여러 번 언급했다. 그는 당시 외국 상인 중에 무용지물로써
사람을 속이고 불의지사不義之事로써 사람을 해치는 자들이 있음을
미워하면서도 통상의 불가피를 되풀이 말했다.

이우성 『명남루전집』「해제」

개국통상의 주장은 당시로서는 용기를 가지고 용감히 외친 말이
었다. 이리하여 이우성은 종래의 실학이 유교이론에 근거를 둔
'경학의 실학'이라고 한다면 최한기의 실학은 과학에 토대를 둔
'과학 실학'이라고 부를 수 있다고 했다.

1851년 마흔아홉 살 때에 그는 상동(지금의 중학동 부근)으로 이사
를 했다. 그리고 널찍한 집을 마련하고 후원에 정자를 지어 양한
정養閒亭이라 했다. 곧 한가함을 누린다는 뜻이니, 한가한 생활
속에서 저술에 몰두하겠다는 표현일 것이다. 이제 본격적으로
저술에 몰두할 수 있었다. 그는 도통 이리저리 어울려 다니는 것
을 싫어했다. 그런 탓에 그의 이름이 서울의 사교계, 곧 양반 문
사들의 입에 오르내리지 않았다. 이 때문에 오늘날 그의 신상에
관한 기록이 적어진 것이리라.

그는 삼남농민봉기가 일어나던 해인 1860년 『인정人政』이라는

책을 냈다. 이는 인사문제에 관한 이론과 실제를 다룬 것이다. 곧 사람을 옳게 써야 나라와 사회도 바로잡을 수 있다는 뜻에서 첫째 '측인測人'(사람을 헤아려보는 것), 둘째 '교인敎人'(사람을 가르치는 것), 셋째 '선인選人'(사람을 가리는 것), 넷째 '용인用人'(사람을 쓰는 것) 등 네 부분으로 나누어 기술했다. 이것은 사람의 용모를 살펴보고 행실을 알아보고 기질에 따라 여러 모습이 나타나는 것을 말하며 살 사람, 못 살 사람을 지적한 것이다.

그리고 귀한 사람과 천한 사람의 용모를 말하고 지식과 교육에 따라 천상이 귀상이 되기도 하고 귀상이 천상이 되기도 한다고도 했다. 또한 눈·코·귀·혀·배·손, 말소리·걸음걸이 그리고 음식을 먹는 모습 등을 살펴보는 법을 말했다. 이것은 모두 원리에 따라 과학적으로 인물을 살펴보는 방법을 제시한 것으로 인물평가의 모든 방법을 동원한 것이요, 인간의 선악과 사람 다스리는 본질을 규명·해설한 것이다. 종래의 관상학을 철학적 접근으로 재해설한 것이다.

실학, 과학 그리고 인문정신을 담아내다

그가 예순이 되었을 적에 아들 최병대가 문과에 합격했다. 그의 문중으로서는 몇백 년 만에 두 번째 맞이하는 영광이요, 그 자신이 중도에 포기한 일이기도 했다. 이때 부부가 해로하고 증손까지 보았으니 여느 가정으로 따지면 다복하다 하겠다. 예순

넷부터 그는 서재를 명남루明南樓라 일컫고 자신의 문집을 『명남루집明南樓集』이라 이름 붙여 손수 편집하기 시작했다. 평생에 쓴 글을 후세에 온전하고 체계 있게 전할 의도였을 것이다.

홍선대원군이 집정할 시기인 1872년, 나라에서는 일흔 살의 그에게 첨지라는 벼슬을 내렸다. 아들이 내직으로 있기 때문에 아버지에게도 벼슬을 주는 관례에 따른 것이다. 그의 나이 일흔 살 이후에는 별반 저술을 남기지 못하고 지난 저술을 수정·정리하는 데 노력을 기울였다. 그 뒤 5년을 더 살았다. 사후에는 어수선한 나라 사정에도 불구하고 그에게 대사헌이라는 높은 관직이 추증되었다. 이것은 그의 생애와 사후가 모두 평탄했음을 뜻한다.

최한기는 한미한 가정의 출신이면서도 서울로 나와 살았다. 보통 양식이 있는 학자들은 산림에 묻혀 은둔하면서 처사로 뽐내며 유유자적하게 사는 것이 당시의 풍조였지만 그는 전원생활을 누리지 않았다. 그리고 도시에 살면서도 결코 권문세도가와 어울리지 않았고 더욱이 당시 선배 학자가 많았음에도 그들을 만나지 않았다.

정약용은 오랜 유배생활을 하는 고초를 겪었고 박지원은 무척 가난하게 살았지만, 그들은 이런 역경 속에서 큰 학문적 업적을 남겼다. 그러나 최한기는 가문이 한미한 탓인지 정치적 소용돌이에 말려든 적도 없었다. 더욱이 넉넉한 살림 속에서 커다란 학문적 업적을 남겼다.

그는 스승을 찾아다닌 적이 없고 살아 있는 동안 자기의 저술을 자랑하려고 남에게 읽게 하지도 않았다. 그러면서도 현실 문제를 날카롭게 지적했으며 동서양의 정신을 합하는 동도서기東道西器의 관점에서 새로운 이론을 내세우려 했다. 그는 실학을 계승했지만 그대로 따르지 않았다. 묵은 학문에서 이론을 찾았지만 맹종하지 않았다. 과학에 심취했지만 인문정신을 중시했다. 여느 선비들은 시를 지어 음풍농월을 일삼았지만 오늘날까지 그가 지은 시 한 수 발견된 것이 없다.

그의 많은 저술 속에는 실학과 과학과 인문정신만이 담겨 있다. 그리고 경험을 통한 실천을 강조했다. 그는 옛 경서를 끌어대는 관념론자가 아니었다. 그러므로 유학의 이기철학을 독창적으로 정립한 서경덕이 예전 시대에 있었고 현실개조를 철저하게 추구한 정약용이 앞선 시대에 있었다면, 개혁사상인 실학을 새 시대에 맞게 정리한 최한기가 뒷세상에 태어났다고 할 수 있다. 그런데도 당시에는 이를 아는 이가 없어 그의 이론은 현실에 적용되지 못했다.

그의 또 다른 저술인 『운화론運化論』은 역사의 발전법칙을 말한 것이다. 그런데 이런 이론은 별로 중시하지 않으면서 서양의 이론만을 끌어대기에 급급한 것이 현실이다. 근래 그에 대한 여러 평가가 단편적으로나마 나오고 있는 것은 바람직한 일이다. 우리는 한 학자의 삶을 통해 역사의 경험을 배우게 된다. 다만 그의 묘가 개성에 있어서 그의 묘비명조차 인용할 수 없는 것이 안타깝다.

낡은 관념을 버려라

이수광 / 　유형원 / 　홍만선 / 　이익 /

반계 유형원은 선비·농부·공장·상인이 각기 맡은 일을 충실히 해야 한다는 직업관을 가지고 있었다. 그는 자신에게 맡겨진 '선비'의 소임을 다하는 것에 열중했다. 농사짓는 일, 기구를 만드는 일, 장사하는 일 따위를 차별하지 않고 고루 발전시켜야 한다는 소신과 함께 그런 일을 잘할 수 있도록 이끌어주는 것이 '선비'의 임무임을 강조하고 실천했다.

이수광
우리나라 최초의 백과사전을 펴낸 실학의 개척자

왕가의 후손으로서 벼슬길에 오르다

조선시대 왕가 곧 왕족은 높은 벼슬을 누릴 수 없었다. 그래서 임금의 일가붙이는 종친부를 어슬렁거리며 품계에 따르는 녹을 타먹는 정도였다. 이것은 조선시대 첫 시기부터 대군이나 왕자에게 벼슬을 주지 않는 관례 때문이다. 그러나 몇몇 종친은 능력을 발휘해 높은 벼슬을 누렸다. 지봉芝峯 이수광李睟光(1563~1628) 역시 그런 종친 집안 출신이다.

이수광의 아버지 이희검은 병조판서를 지낸 명신이었는데 태종의 5대손이다. 이수광은 이러한 아버지의 후광 때문인지 개인의 자질이 특출해서인지 20대부터 출셋길이 열렸다.

스물세 살의 나이에 사관이 되었다. 흔히 젊은 사관은 문장이

빼어나거나 문벌이 좋고 기개가 있어야 뽑힌다. 젊은 나이에 그는 엘리트로 뽑혔고, 20대 후반에는 명나라에 가는 사신의 종사관 자격으로 북경을 다녀왔다. 이 일은 그가 외교관으로 명성을 날리게 된 계기가 되었다.

1592년 임진왜란이 일어나 온 나라가 풍비박산이 되었다. 조정에서는 그를 경상도방어사의 종사관으로 임명했으나 경상도에 도착하기 전에 모두 일본군에게 함락되고 만다. 그는 곧장 왕이 피난을 가 있는 의주의 행재소行在所(임금이 임시로 머무는 곳)로 달려가 난을 수습하는 데 힘을 쏟았다. 하지만 높은 벼슬을 받지 못해 두드러진 활동을 보이지 못했다.

우리나라 최초의 백과사전을 쓰다

이수광은 선조가 죽고 난 뒤 새 임금 광해군의 지시로 다시 중국에 다녀왔다. 이때 그는 많은 외국 인사들과 접촉해 견문을 넓혔다. 지식욕이 강렬했던 그는 특히 이탈리아 신부 마테오 리치가 중국에 천주교를 전파하기 위해 쓴 『천주실의天主實義』를 접하기도 했다. 그리고 서양에 대한 소개를 귀담아들었다. 또한 안남(지금의 베트남)의 사신을 만나 시를 주고받은 사실을 기록으로 남기기도 했고, 유구(지금의 오키나와)의 사신에게서 그곳의 지리·풍속 등을 상세히 듣기도 했다.

그 뒤 광해군 아래에서 도승지 같은 요직을 차지했으나 서인

계열이어서 많은 수난을 겪어야 했다. 북인 정권 아래서 서인은 많은 탄압을 받았다. 북인은 인목대비(선조의 뒤 왕비. 광해군에게는 어머니뻘)의 아버지 김제남에게 죄를 씌워 죽였다. 이런 연유로 광해군보다 열 살 아래인 인목대비는 어머니 대접도 받기 어려운데다가 친정아버지까지 죄에 얽혀 죽자 늘 불평에 가득 차서 독설을 곧잘 뇌까렸다. 이즈음 광해군은 어린 이복동생인 영창대군마저 신하들의 꾐을 받아 강화도로 귀양 보냈고, 그곳에서 영창대군은 죽임을 당했다. 영창대군의 생모인 인목대비의 분노는 걷잡을 수 없었다. 그녀는 늘 한탄과 불평을 일삼으며 지냈다.

이런 조정의 소용돌이 속에서 이수광은 벼슬을 버리고 집 안에 틀어박혔다. 그는 때때로 창덕궁 서쪽에 있는 침류대에서 뜻 맞는 선비들과 어울려 토론을 벌였는데 나라를 부강케 하려면 상공업을 장려하고 외국 문물을 수용해야 한다고 주장하기도 했다.

저술에 몰두한 그는 유명한 『지봉유설芝峯類說』을 집필한다. 이 책은 그가 중국에 여러 차례 다녀오면서 들은 이야기와 국내의 여러 문제를 항목별로 나누어 알아보기 쉽도록 쓴 것으로, 이를테면 해설식 백과사전이다.

이 책은 우리나라 유서類書(백과사전류의 책)로서는 첫 저술이라는 가치를 지니고 있으며, 당시의 여러 개혁책을 정리한 것이어서 의미가 크다. 그러나 그보다 더욱 가치를 둔 것은 서양에 대한 소개이다. 이 책에는 이슬람문명권과 영국, 이탈리아 등 유럽의 50여 나라가 소개되었다. 그 나라들의 위치, 풍속 등은 물론 그곳에 천주교가 있다는 사실도 밝혔다. 아울러 동남아 일대와 오

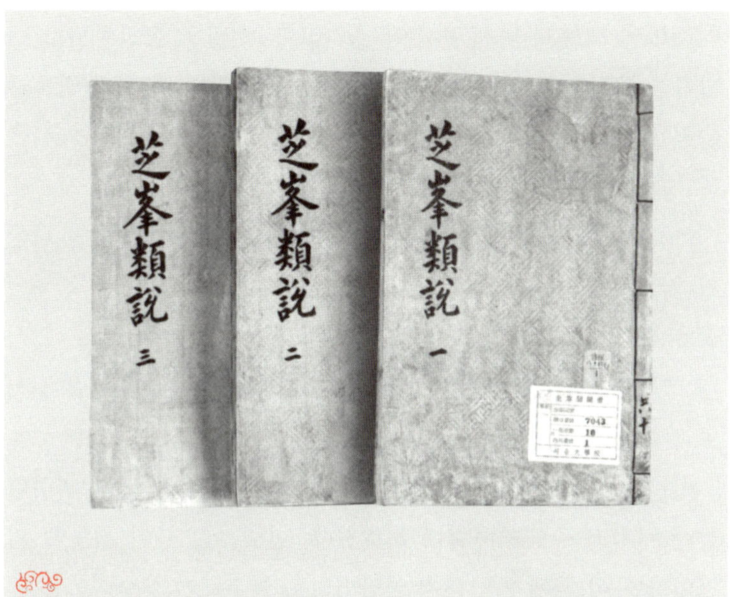

『지봉유설』 우리나라 최초의 백과사전으로서, 천문·지리·병정·관직 따위의 25부문 182항목으로 총 3,435조목을 수록했다.

키나와 같은 나라도 소개했다.

당시 지식인들은 유럽에 대해 막연히 전해들은 정도의 지식을 가지고 있었는데 이 나라들을 우리나라에서 최초로 항목을 나누어 글로 남긴 것이다. 이 책이 소개되자 당시의 선비들은 크게 놀랐고, 일부 지식인들에게는 그런 나라들에 대한 동경이나 흥미를 유발하기도 했다. 그는 몇 년에 걸쳐 『지봉유설』을 완성하고 자신의 시문을 정리했다. 이는 아마도 벼슬길을 마무리하고 뒷날 자신의 기록을 남기고자 했던 것이리라. 그의 나이도 50대에 접어들어 있었다.

　1616년 그에게 다시 벼슬이 내려졌다. 전라도 순천부사로 나가라는 조정의 명령이 떨어진 것이다. 그는 자의 반 타의 반으로 순천부사로 나가 수령으로서 열심히 일을 하면서 순천의 역사를 쓴 『승평지昇平志』를 편찬했다.

　이즈음 조정에서는 다시 큰 일이 벌어졌다. 아랫동서인 허균의 역모 사건이 발각된 것이다. 허균은 첫 아내로 안동 김씨의 딸을 맞이했는데 이수광이 바로 허균의 윗동서가 되었다. 그러니 명문의 집안 출신으로 문명을 날리던 처지였던 두 사람이 서로 깊이 사귀었으리라는 추측이 가능하다.

　이런 허균이 무사, 승려, 서자들을 모아 일대 역모를 꾀하다 끝내 발각되어 능지처참에 처해졌다. 만일 이수광이 서울에 있었더라면 이 일에 가담하지 않았더라도 연루되기 십상이었을 것이다. 그는 이런 일이 있은 뒤에 순천부사 자리마저 버리고 수원 집에 틀어박혔다. 순천부사를 맡은 지 3년 뒤의 일이었다.

　조정은 평안하지 못했다. 인목대비에 대한 폐비의 논의가 계속 일어났다. 인목대비를 경운궁에 가둔 채 서인庶人으로 만들려는 논의가 계속 벌어진 것이다. 이때 많은 벼슬아치들이 이를 반대하다가 쫓겨나기도 했고 때로는 입을 다물고 뜻을 굽히기도 했다. 그러나 이수광은 지방관인 순천부사로 있다가 수원에서 살았기 때문에 이 일에 전혀 관여하지 않았고 입에 오르내리지도 않았다. 그 덕택에 깨끗한 몸을 간직할 수 있었으며 저술에 몰두할 수 있었다. 그의 저술은 앞 시기에 『지봉유설』을 엮을 때와 이때의 한가한 여유 속에서 대부분 이루어졌다. 그러나 1623년, 뜻하지 않은 인조반정이 일어나 광해군과 북인이 쫓겨났다.

공명정대한 정사를 펼치다

이후 서인이 집권하게 되었고 광해군 때 이루어진 모든 조치가 뒤집혔다. 그는 비록 광해군 조정에서 벼슬살이를 하긴 했지만 당시 책잡힐 일을 하지 않았고 게다가 서인계열이라는 이유로 다시 조정에 불려나오게 되었다. 그는 도승지 등의 요직을 맡으며 인조를 도와 정사에 열중했다. 그러나 또다시 수난을 겪어야 했다. 반정이 있은 다음해 이괄이 일대 모반 사건을 일으킨 것이다.

인조는 서울을 비우고 허겁지겁 공주로 달아났다. 그도 왕을 따라 공주로 내려갔다. 서울까지 차지한 이괄은 관군에 패한데다 내분까지 일어 그의 모반은 실패로 돌아갔다. 서울로 돌아온 이수광은 이제 거리낄 것 없이 벼슬자리를 누렸다. 이제 나이도 60대에 들어 원숙한 정치가의 수완을 발휘했다.

이 무렵 그가 올린 「만언소萬言疏」는 특히 유명하다. 장문의 이 상소문에서 그는 임금에게 '경천敬天'을 권고하고 여러모로 현실을 개혁하라고 요구했다. 뒷날 이 '경천'을 두고 천주교에서 주장하는 '하나님사상'과 통하는 '경천사상'이라 일컫기도 했다. 그가 새로운 지식 욕구에 충만해 있으면서도 전통적 사상을 배격하지 않고 접목시키려 한 모습이 여기서도 잘 드러나고 있다.

그러나 나라 바깥의 사정은 대단히 복잡하고 위험했다. 노정치가의 수완과 능력만으로는 막을 수 없었다. 당시 조정은 광해군과 달리 새로이 만주에서 일어나 중국을 차지하려는 청나라에 적대감을 나타냈다. 이에 청나라에서는 대군을 이끌고 조선을 응징하러 쳐내려왔다.

청나라 군사는 삽시간에 서울을 점령했는데 왕과 조정 대신들은 대비책도 세우지 못하고 황급하게 강화도로 피난을 했다. 강화도에 들어앉은 조정은 항복하는 일 이외에 다른 타개책이 없었다. 그리하여 굴욕적인 항복을 하고 청나라와 '형제의 맹약'을 맺고 겨우 서울로 돌아왔다. 이 사건이 정묘호란이다. 이수광은 자신이 모신 세 번째 왕을 따라 난리를 피했지만 병자호란을 겪지 않고 죽었다. 따라서 이것이 그의 마지막 피난길이 되었다.

그 뒤 서인의 손아귀에서 놀아나 살아남은 북인은 목숨을 부지하며 숨어 지냈고 남인도 숨을 죽이며 살았다. 그는 서인계열이었지만 늘 온건하게 정사를 처리했다. 서인 위주의 인사정책에 정면으로 맞설 수 없었다. 하지만 모든 인사권을 쥔 2인자인 이조참판의 자리에 있었던 그는 대단히 공평하고 합리적으로 처신했다는 평을 받았다. 그는 원로로서 참찬參贊의 품계에 올랐고 끝내 이조판서를 차지했다.

실학의 개척자로 평가받다

나라 바깥은 더욱 어수선했다. 명나라는 청나라에 밀려 나라를 제대로 유지할 수 없었다. 특히 명나라의 장수들은 황해 일대로 밀려와 우리나라에 여러 가지 요구 조건들을 내세웠다. 그들은 압록강 입구의 가도를 차지하고 양곡은 물론 군대를 파견하고 무기를 공급하라는 요구를 끊임없이 해왔다.

이와 달리 청나라는 더욱 기세를 떨쳐 명나라 수도인 북경을 차지할 형세였고 두 눈을 부라리며 조선의 동정을 엿보고 있었다. 이런 현실에서 그는 이제 병도 들고 몸도 쇠약해져 모든 벼슬을 사양했다. 그때마다 인조는 만류했다. 조정에서 여러 세력을 규합하고 단합된 역량을 이끌어낼 인물로 그를 꼽았기 때문이다. 그는 평소의 결단력 없는 성격대로 이를 강하게 뿌리치지 못하고 이조판서의 자리를 지키다가 중추부지사라는 관직에 올랐다. 그리고 중추부지사로 있다 죽음을 맞이했다.

나라의 사정은 더욱 긴박하게 돌아가고 조정의 벼슬아치들은 긴박한 국제정세에는 아랑곳하지 않고 더욱 강하게 척화정책을 주장했다. 이러한 정세에서 그의 죽음은 하나의 커다란 손실이었다. 그가 죽고 난 뒤 나라 구석구석에 분란이 일어났고 청나라 청나라를 적대시하다가 마침내 병자호란이 터졌다.

만일 그가 살아 있었더라면 최소한 척화정책을 누그러뜨려 이 큰 전란을 막을 수 있지 않았을까? 그가 죽고 난 뒤 두 아들 이성구, 이민구 등은 영의정 등의 높은 벼슬자리를 얻었다. 그러나 역사에서 아들보다 그를 높이 평가하는 까닭은 어디에 있을까?

그는 어려운 시대에 많은 고난을 겪으면서 높은 관직을 누렸다. 불의를 가까이하지 않고 몸을 깨끗이 했다가 다시 등용되기도 했다. 그리고 정치적 수완은 온건하고 합리적이었다. 그러니 불같은 개혁의지를 갖지도 않았다. 개혁은 도모하되 점진적인 개선책을 모색한 것이다.

이런 그였으므로 그의 동서 허균과는 달리 비난이 따르지 않았고 귀양살이 한번 하지 않았다. 이 점으로 보면 그는 험한 정치판을 잘 헤쳐나간 것으로 보인다. 그러나 이런 면모가 그를 유명하게 한 것은 아니다. 그가 죽은 뒤 6년 만에 두 아들이 『지봉유설』과 『지봉선생집芝峯先生集』을 간행했는데 그 뒤 중판을 거듭해 널리 읽히면서 이름을 날리게 되었다.

이 책은 앞에서 말한 바와 같이 천주교를 소개하는가 하면 이단으로 취급되던 양명학을 칭찬하기도 했으며 당시로서는 관심을 기울이지 않던 서양의 여러 사정을 소개하기도 했다. 이것은 결코 단순한 그의 지식 욕구에서 나온 것만은 아니다.

만일 그가 여가를 이용할 수 없었다면 『지봉유설』과 같은 내용을 제대로 담을 수 있었을까? 그가 벼슬살이에서 이룬 공적은 결코 두드러지지 않았다. 그러나 문장이나 저술로 남긴 것은 후세에 큰 영향을 끼쳤다. 그가 평생을 학문에 정진했다면 더 많은 업적을 남기지 않았을까? 오늘날 그를 초기 실학자로 꼽는 까닭을 음미해보면 이런 말이 나올 법도 하다.

그의 유적은 오늘날 그다지 남아 있지 않으나 경기도 양주시 장흥의 삼화리에 묘소와 신도비가 보존되어 있다.

유형원
토지균분제를 주장한 실학의 태두

변산반도의 아랫도리에는 나지막한 산들이 놓여 있고 그 한가운데로 작은 계곡물이 졸졸 흐른다. 그 계곡물 가에 아늑한 한 마을이 있는데 이곳이 부안군 보안면 우동리이다. 옛 이름은 우반동이었는데 동네사람들은 우바이라고도 불렀다. 이 우바이마을이 유명해진 것은 실학의 이론가 반계磻溪 유형원柳馨遠(1622~73)이 20여 년 동안 이곳에 살았기 때문이다. 그의 호 '반계' 역시 이곳의 이름을 딴 것이다.

서른두 살의 청년 유형원이 이곳을 찾아들었을 적에 이 마을은 대나무가 우거졌다고 한다. 그가 죽은 지 3백 년이 지난 뒤 필자가 이 마을에 찾았을 적에는 반계의 자취는 동네 사람들의 입에서만 전해질 뿐이다. 그리고 그가 글을 가르치던 마을 뒤 독서당 터만 보이고 그 밖의 남아 있는 유적이 별로 없었다.

어쨌거나 유형원은 병자호란을 치르고 난 뒤 조정이 청나라의 힘에 눌려 쩔쩔맬 적에 생애의 3분의 1이 넘는 기간을 이 마을에서 보냈다. 그는 왜 서울 근방에서 투박한 마을로 옮겨와 살았는가? 그리고 세련된 선비가 왜 농투성이 속으로 뛰어들었는가? 그것은 바로 나라를 바로잡기 위한 이론을 짜내기 위해서였다. 그리고 국가의 재정과 백성들의 생활을 안정시키기 위해 여러 제도개혁을 추진한 김육金堉이 채 완성하지 못한 현실개혁이론을 좀 더 체계를 세워 제시하기 위해서였다.

선비의 사회적 소임을 다 하련다

유형원은 원래 서울 정릉에서 태어났다. 그의 집안은 북인계열로 비록 낮은 벼슬이기는 하나 대대로 관인의 녹을 누렸다. 그러나 인조반정으로 북인이 정권에서 밀려나자 집안은 몰락하기 시작했다. 그리고 그가 열다섯 살 적에 병자호란을 만났다. 그는 어렸을 적에 아버지를 여의고 할아버지 손에서 자랐는데 이 난리가 끝나자 할아버지는 부안에 내려가 농장을 마련하고 살았다.

유형원은 외로이 서울에 남아 글을 읽다가 장가를 든 뒤 서울 근방을 이리저리 옮겨 다니며 살았다. 그는 또 전국을 돌아다니며 농민들의 참상을 몸소 겪었다. 무엇보다 벼슬을 할 수 없는 처지여서 벼슬길을 단념하고 새로운 길을 모색해야 했다. 그리고 여러 곳을 돌아보면서 문드러져가는 농촌을 일으킬 방책을 내놓아야 한다고 생각했다. 할아버지의 뜻을 따라 처음 과거시험을 보아 합격하기도 했으나 그즈음 할아버지가 돌아가자 모든 것을 떨쳐버리고 서울을 떠났다.

그리고 할아버지가 터를 닦아놓은 우반동으로 가족을 거느리고 이사했다. 그는 우반동의 '송대' 아래 대숲 속에 자리 잡은 집에서 조상 대대로 내려오던 1만 권의 책 속에 앉아 밤을 꼬박 새웠고, 낮에는 송림 사이로 뛰노는 사슴들을 구경하며 지냈다. 그는 이때를 회고하며 이렇게 말했다.

고요한 생활이 있는 뒤에라야 편안할 수 있고 생각할 수 있다는 옛 사람의 말이 참으로 뜻이 있구나.

대나무 사립문은 거의 닫혀 있었고 그의 서실에는 새벽까지 촛불이 환히 켜져 있었다. 그가 서실에서 나오는 시간은 아침저녁 두 차례, 가묘에 문안드리는 시간뿐이었다.

그의 집안 살림은 찌들어갔지만 아랑곳하지 않았다. 그러면서도 언제나 나라에 내는 세금은 이웃을 생각해 제일 먼저 냈다. 늦게 내면 이웃집에 부담을 주는 인징隣徵을 피하기 위해서였다. 인징의 폐단을 몸소 겪고 보면서 이를 시정하는 작은 몸짓을 보인 것이다.

이러한 생활 속에서 그는 밥을 먹어도 맛있는 반찬을 찾지 않았고, 옷을 입어도 비단을 입지 않았다. 동네 사람을 대할 적에는 귀하거나 천하거나 가난하거나 부자거나를 따지지 않고 어울렸으며, 이웃의 어려운 처지를 보면 돕기를 서슴지 않았다. 그의 명망은 이웃 고을에까지 퍼졌다. 그는 천성이 그러해서일 뿐 명망 따위를 낚기 위해 재주를 부리는 것이 아니었다.

어느 날 그는 모처럼 말을 타고 나들이를 나갔다. 집 안에서 밥 먹고 잠자는 일을 잊고 글 읽기에만 열중하듯, 말을 타고도 무슨 생각에 깊이 빠져 말이 엉뚱한 길로 접어들었는데도 깨닫지 못했다. 그러다가 다른 곳에 이르러서야 잘못 왔음을 알아차렸다고 한다. 또 한 번은 나루를 지나다가 나룻배가 엎어지는 것을 보았다. 점잖은 선비의 몸으로 이리 뛰고 저리 뛰어 다른 배를 불러오고 옷을 걷어붙이고 강에 뛰어들어 아홉 사람이나 구해냈다.

1670년(현종 11)에는 천기를 보고 큰 흉년이 들 것을 점쳤다고 한다. 그리고 죽을 먹으며 곡식을 아껴 저축했다가 다음해 봄에 일대 기근이 일어나자 곡식을 동네 사람들과 친척들에게 나누어 주었다. 때때로 창고에 저장해둔 활과 총을 꺼내 집안의 머슴들과 동네 사람들에게 활쏘기와 총쏘기를 가르쳤다. 또한 바닷가에는 그가 고안해낸 날랜 배 네댓 척을 매어놓고, 집 안에는 하루 몇백 리를 달릴 수 있는 말을 길렀다. 그래서인지 옛날 변산반도에 사는 사람들은 활쏘기, 총쏘기는 물론 배 부리기, 말타기에 뛰어난 솜씨를 보였다고 한다.

그는 선비[士]·농부[農]·공장[工]·상인[商]이 각기 자기가 맡은 일을 충실히 해야 한다는 직업관을 가지고 있었다. 그리하여 그는 그에게 맡겨진 '선비'의 소임을 다하는 것에 열중했다. 비록 직접 호미를 들고 밭을 매지는 않았으나 농사짓는 일, 기구를 만드는 일, 장사하는 일 따위를 구별하지 않고 고루 발전시켜야 한다는 소신과 함께 그런 일을 일러주고 방법을 고치고 이끌어주는 것이 '선비'의 맡은 바 임무임을 강조하고 실천했던 것이다.

부안에 칩거한 뒤에 서울이나 다른 곳에 나들이를 전혀 하지 않은 것은 아니다. 때때로 서울에 와서 친구들을 만나 학문이나 현실 문제를 토론하기도 했고, 다른 지방의 농촌 현실과 농민의 문제를 직접 알아보기 위해 호남지방은 네 차례, 영남지방과 경기지방은 각각 한 차례씩 돌아다니기도 했다. 그는 자신이 목격한 현실을 토대로 방책을 엮기에 골몰하면서 이렇게 말했다.

하늘이 사민四民(사농공상)을 내서 각각 그 직분을 주었는데, 내가 조상의 덕으로 편안히 앉아 죽이나 얻어먹는다면 이는 세상의 한 마리 좀일 뿐이다.

그는 나라에 노비는 점점 많아지고 평민의 수가 줄어들어 국가의 재정과 힘이 점점 빈약해지는 현실을 통탄했다. 왜냐하면 노비는 양반에 매여 양반의 일만 해줄 뿐, 노역에 동원되지도 않고 군대에 나가지도 않고 세금을 내지도 않으므로 나머지 부담은 모두 평민들이 져야 했기 때문이다.

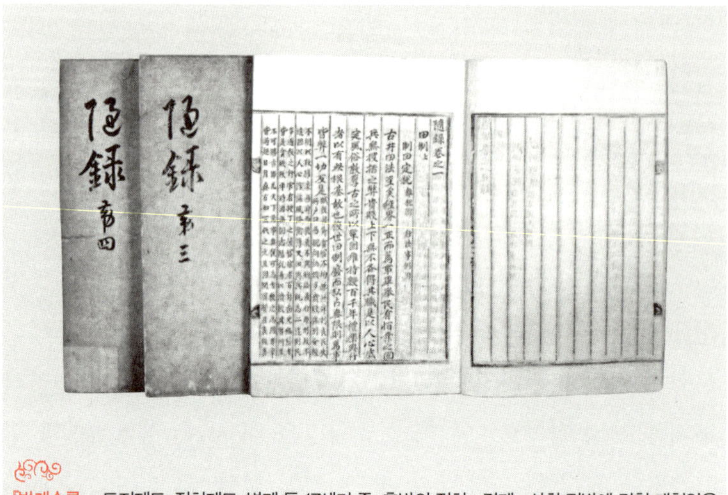

『반계수록』　토지제도, 정치제도, 병제 등 17세기 중·후반의 정치·경제·사회 전반에 걸친 개혁안을 망라해 담고 있다.

『반계수록』을 완성하다

마침내 그는 현실개혁이론을 하나의 책으로 묶어 세상에 내놓았다. 1670년 『반계수록磻溪隨錄』을 완성한 것이다. 국가 방책에 관해 저술하기 시작한 지 20여 년 만에 이룬 성과이다. 그가 책을 통해 얻은 지식, 농촌에 살면서 직접 보고 겪은 것, 각 지방을 다니며 실정을 수집한 사례를 전부 정리해 '그때그때 보고 들은 것을 기록했다'는 겸손의 뜻으로 책이름을 '수록'이라 붙였다.

현실개혁을 위한 첫째 과제는 토지제도의 개선이었다. 그는 17세기에 들어와 토지제도가 극도로 문란해져 토호와 일부 특수 양반층이 대토지를 소유하는 일이 앞 시대보다 점점 확대되어가는 토지독점이 바로 국가재정을 파탄으로 몰고 간다고 보았다. 그러므로 공전균분公田均分의 방법으로 이를 해결해야 한다고 주장했다. 곧 토지를 국가소유로 해 농민들에게 골고루 나누어준 뒤 그에 따른 세금을 거두어들이고 군대에 대한 부담도 아울러 지워야 한다는 것이다.

이어 과거제도가 일부 양반층에게만 자격이 주어지고 그중에서도 특수 문벌에게만 벼슬이 치우쳐 있기 때문에, 이를 각 지방의 인재를 고루 쓰는 선출방법으로 바꾸어야 한다고 했다. 이는 추천제를 통한 인재등용 방법으로 공거제貢擧制라 한다. 또한 양반에게 얽매인 노비의 수를 대폭 줄여야 한다고 했다. 노비들을 생산 현장에 내보내 생산을 늘리자는 방책이었다.

이러한 주장의 중심은 농지를 농민들에게 나누어주고 농부에게만 토지를 맡겨야 한다는 것이다. 이는 경자유전耕者有田의 원칙 아래 자영농을 육성하기 위한 방안이다. 또한 농사짓는 틈틈이 군사훈련을 시켜 유사시에 농부를 동원해야 한다고도 했다. 이는 부병제府兵制라 했다. 이에 대한 결과를 그는 이렇게 말했다.

공전의 제도가 한결같이 행해지면 온갖 제도가 제대로 잡힌다. 빈부의 차이가 저절로 정해지고 호구와 인구가 저절로 밝혀지고 군대의 일이 저절로 정비된다. 오직 이와 같이 한 뒤에야 교화를 행할 수 있으며 예악이 일어날 수 있다.

그는 이러한 문제 외에도 국가와 사회의 당면문제, 곧 신분제도라든가 복지제도 같은 것에 대한 문제점을 꼼꼼히 지적하고 개선책을 제시했다. 이 책을 완성하고 나서 그는 3년을 더 산 뒤 세상을 떠났다.

이 저술이 완벽한 것은 아닐 것이다. 그는 많은 새로운 이론을 내놓았으나 급진적인 방법론을 제시하지는 않았다. 예를 들면 노비해방을 주장하지는 않았다. 이를 주장했다면 지배세력의 엄청난 반대에 부딪쳤을 것이요 또 관가의 노비를 없애게 되면 혼란도 극심해질 것이다. 그는 점진적 방안을 제시한 것이다.

실학의 비조로 불리다

유형원은 『반계수록』 외에도 역사에 관련된 글 등 많은 저술을 남겼다. 부안에 있는 제자들은 이 책을 조정에 바쳤으나 썩은 벼슬아치들은 외면했다. 그러다가 그가 죽고 난 뒤 70여 년 만에 영조의 관심을 끌었다. 영조는 모든 조정 대신들에게 이 책을 읽도록 했으며 이 책을 사고에 보관하고 각 지방 관아에 배포했다. 당시 실학자들은 이 책을 읽고 새로운 개혁방안을 모색했다. 그리하여 그를 실학의 비조鼻祖라 불렀다.

좀 더 설명하면 『반계수록』이 간행되어 널리 퍼지자, 관심 있는 학자들은 유형원의 주장에 귀를 기울였다. 특히 18세기의 실학자들, 곧 성호 이익, 순암 안정복, 다산 정약용 등에게 큰 영향을 끼쳤다. 유형원은 우리나라 역사에 대해 자기 주권을 나타낸 글을 쓰기도 했는데, 안정복은 여기에 힘입어 『동사강목東史綱目』을 저술해 자주적인 역사를 기록했다. 그리고 정약용은 농촌의 실정을 직접 돌아보면서 『목민심서牧民心書』를 저술했고, 토지문제 등에 많은 관심을 기울였다.

근래의 학자들은 그를 실학의 태두로 꼽고 있으며, 그가 주장한 공전제를 토지균분제의 효시로 꼽기도 한다. 최근에는 그의 다른 저술들이 새로이 발굴되어 일부 학자들에게 비상한 관심을 끌고 있다. 그는 성리학, 언어학, 지리학, 병학兵學 등에 관한 저술을 남겼다고 하나, 오늘날 모두 전해지고 있지는 않다. 만일 이러한 저술들이 새롭게 발굴된다면 그에 관한 연구는 물론, 실학의 근원을 찾는 데에도 획기적인 일이 될 것이다.

그는 비록 몰락해 시골에 은거해 있으면서도 자기의 불행을 학문으로 극복한 모범이 되고 있다. 그리고 현실의 부조리와 모순을 행동보다 이론으로 체계를 세워 제시한 지식인의 모습을 보여주고 있다. 다만 제자들이 벼슬자리에 있지 않았고, 그의 자손들이 부안과 과천에 흩어져 살면서 영락한 탓으로 그의 저술이 없어지고 그의 학문이 있는 그대로 평가받지 못한 것이 안타까울 뿐이다. 그러나 참된 것은 영원하다. 그의 살아 있는 학문은 오늘날에도 빛을 던지고 있다. 따라서 오늘의 현실에서도 그의 토지균분제의 주장은 귀담아들을 만하다.

1974년 전라북도에서 유형원이 글을 가르치던 옛 서당 터를 복원해 반계서당이란 현판을 달았다. 그러나 그의 1만 권의 책이 없어졌고 그의 서실도 헐려 없어졌으며 대나무 숲도 사라졌다. 현재 복원한 반계서당 역시 퇴락해 무너질 지경이다. 오랫동안 동네 사람들의 입과 입을 통해서 그에 대한 이야기가 전설처럼 남아 있을 뿐이다.

홍만선
서민을 위한 생활백과사전의 완성자

어진 덕과 온정으로 다스린 벼슬아치

인간의 생활을 윤택하게 하는 데에 한 가지 길만 있는 것은 아니다. 모든 경제관계의 저술들은 인간 생활의 윤택을 위해 씌어진 것이라고 말해도 과언이 아닐 것이다. 그 중에서도 예전에는 주거, 음식, 치병治病 등이 인간 생활과 가장 밀접한 부분이었을 것이다.

유암流巖 홍만선洪萬選(1643~1715)의 『산림경제山林經濟』는 바로 전통적인 우리의 생활문제를 직접 다룬 책이다. 그럼 홍만선은 어떤 사람이었는가?

홍만선은 풍산 홍씨로 증조부 홍이상은 대사헌, 할아버지 홍영은 예조참판, 아버지 홍주국은 이조판서를 지냈다. 이만하면

명문의 가문에 충분히 낄 것이다. 가문의 배경과 본인의 재주로 홍만선은 스물네 살에 진사시進士試에 합격해 벼슬길에 나섰다. 이때 그의 앞길은 환하게 열리는 듯했다.

그러나 그가 벼슬길에 들어서서 변변한 자리를 얻지 못하고 있을 때, 곧 진사가 된 지 채 10년이 못 되어 그의 가문에 앙화가 밀어닥쳤다. 숙종 연간에는 이른바 '예송禮訟'이라는 당쟁이 치열했다. 노론인 송시열의 이론을 따르던 아버지가 예송에 연루되어 파직을 당한 것이다. 그 뒤 아버지는 고향으로 물러나 우울한 나날을 보냈다.

이때 그는 벼슬을 단념하고 같은 처지에 놓여 있던 사촌형 홍만종을 따라다닌 것으로 보인다. 당시 홍만종은 한강 아래쪽 서강에서 일곱 벗들과 함께 술 마시며 도가를 흉내 냈고, 유유자적한 생활을 하면서 도가의 책들을 탐독하고 있었다. 이에 홍만선도 그 아랫자리에 끼어 도가의 사상에 깊숙이 빠져들었다. 이런 분위기는 그가 뒷날 쓴 저술에 여실히 나타난다.

그의 나이 서른여덟 살 때, 아버지가 죽은 지 2년 뒤, 그는 보잘것없는 사옹원 봉사라는 벼슬을 얻어 출사했다. 그리고 미관말직을 얻거나 때로 영락한 생활을 하다가 쉰 넷에 와서야 대흥군수가 되었는데, 이때 고을을 잘 다스려 선치수령善治守令으로 뽑혔다.

그가 선치수령으로 뽑힌 것은 개인으로나 벼슬아치로나 대단한 영광이었다. 외직으로 고양군수, 상주목사 등을 차례로 거치면서 많은 치적을 올렸고, 내직으로는 공조정랑, 장악원정 등을 지냈다. 그러나 늦게 벼슬길에 나선 데다 가문의 후광도 입지 못해 현직顯職은 얻지 못했다.

허균의 글과 생각을 흠모하다

그는 선배들에게서 예학을 익히기도 하고 아버지의 문집을 편집하기도 했으며, 수령으로 있을 때의 경험을 살려 『산림경제』를 저술했다. 4권 16지志로 된 이 책을 언제 저술했는지는 확실히 알려지지 않다. 그가 일흔세 살로 죽은 지 3년 뒤에 홍만종이 이 책에 서문을 덧붙여 세상에 알렸다. 홍만선은 항상 "벼슬길에 있으면서도 늘 마음은 물외物外에 있는 것 같았다"고 말했다 한다. 이 말은 그가 세상을 버리고 은둔 생활을 그리워했다는 뜻이리라. 그는 책머리에 이렇게 쓰고 있다.

옛사람이 "꽃과 대나무를 알맞게 심고 새와 물고기를 적성에 맞게 기르는 것이 산림의 경제이다"라고 했는데 일찍부터 이 말을 좋아했으므로 이것을 내 저술의 책명으로 삼는다.

'옛사람'은 바로 허균이다. 허균은 일찍이 은둔을 꿈꾸어, 은둔하는 사람이 농사짓고 꽃을 가꾸고 여가를 이용하는 방법을 적은 『한정록閑情錄』을 지었다. 이 책은 중국의 고전과 자신의 경험을 토대로 엮은 것이다.

홍만선은 역적으로 죽고 당파도 달랐던 허균의 책을 읽은 것이다. 그리고 그러한 허균의 생각을 그리워해 허균의 글에서 책명을 따오고 있다. 그뿐만 아니라 『한정록』을 많이 인용하고 목차도 모방하고 있다. 곧 자신도 허균처럼 은둔 생활에 필요한 방법을 찾고자 했던 뜻을 나타내는 것이다.

그는 제도의 개혁을 위해 『반계수록』을 쓴 유형원이나 농사의 개량을 위해 『색경穡經』을 쓴 박세당과 같은 시대에 살았다. 따라서 자신의 은둔 생활만이 아니라 당시 민중들의 생활향상을 위해 수령으로 있을 때의 경험을 곁들여 이 책을 저술한 동기를 알려주는 것이기도 하다. 그가 살아 있을 적에는 이 책이 많이 보급되지 않았으나, 사후에 필사되어 널리 퍼졌다. 이런 탓으로 이 책의 저자로 여러 사람이 등장하기도 했다.

터 잡는 방법에서부터 민간요법까지

『산림경제』는 열여섯 부분으로 나누어 서술되어 있는데, 각 부분의 앞에는 편찬 목적과 편찬 방법을 알려주는 글이 실려 있다. 이어 각 부분 아래에 작은 항목을 두어 편리하게 이용할 수 있게 했다.

첫째, 복거卜居. 집, 마루, 방, 부엌, 우물, 칙간, 울타리 등을 세울 적에 터를 잡는 방법을 기술하고 아울러 그것을 세울 때의 길일과 흉일을 가려놓았다. 끝에 설계도가 실려 있는데, 고대 『주

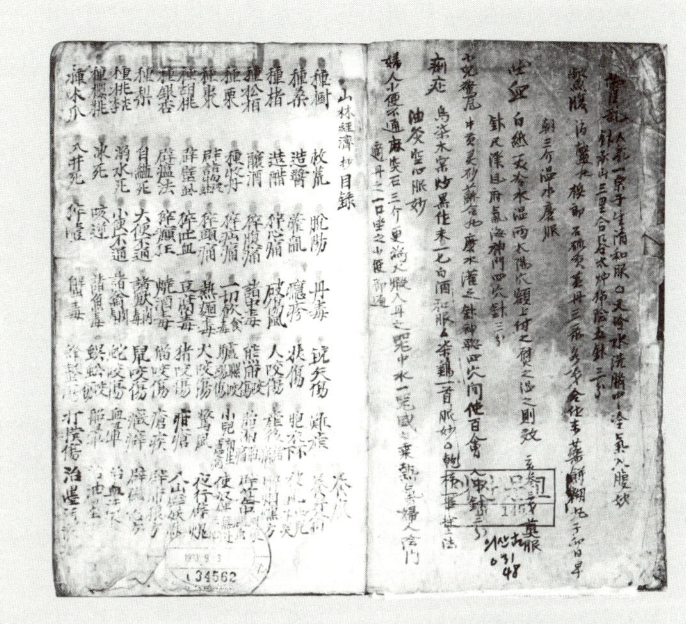

역』의 원리가 되었던 하도河圖 모양을 본뜬 용도서龍圖墅와 낙서洛書의 모양을 본뜬 구문원龜文園의 도면과 해설을 덧붙여놓았다.

둘째, 섭생攝生. 병을 물리치고 수명을 연장할 수 있는 방법을 적어놓았다. 격한 감정의 억제, 과욕의 절제, 과음·과식을 하지 말 것, 신체와 관련한 약물의 복용법 등을 기술했다. 이것은 주로 도가의 양생법養生法을 원용한 것이다.

셋째, 치농治農. 농사의 풍년을 점치는 방법, 풍년을 기원하는 방법, 종자를 선택하는 방법, 밭 갈고 씨 뿌리는 방법, 벼·기장·조·수수·콩·팥·삼·메밀·보리·목화 등의 재배법과 염료에 필요한 작물 가꾸기 등을 적어놓았다.

넷째, 치포治圃. 씨 뿌리거나 모종하는 종류에 따라 여러 작물을 소개했는데, 수박·참외·오이·박·호박·생강·파·마늘·부추·토란·가지·미나리·무·겨자·배추·상추·아욱·쑥갓 등의 채소와 양귀비·맨드라미·담배·버섯 등 작물의 재배법을 적었다.

다섯째, 종수種樹. 앞에는 나무 심는 법, 병충해 방지법, 과일 따는 법을 설명하고 뒤에는 뽕·닥나무·소나무·옻나무·버드나무와 밤·대추·호두·은행·배·복숭아·앵두·포도·사과 등의 과일재배법을 설명했다.

여섯째, 양화養花. 대를 비롯해 매화·국화·난초·연꽃·동백꽃·치자화·석류·해당화·모란·작약·파초 등을 기르는 법에 대해 적었다.

일곱째, 양잠養蠶. 양잠을 할 날을 잡는 법, 누에 기구, 누에 종자 고르기, 누에 내기, 이에 따른 금기와 실 짜는 법 등을 적었다.

여덟째, 목양牧養. 소·말·돼지의 사육법, 부리는 법, 병 고치는 법, 양계·양봉·양어, 그리고 학·사슴·들새 기르는 법 등이 소개되어 있다. 특히 여기서는 종자 고르는 법 등 가축이나 새에 관한 것을 상세히 풀이하고 있다.

아홉째, 치선治膳. 과일을 거두어 보관하는 법, 채소·물고기·육류를 보관 또는 요리하는 법, 그리고 장·술 등의 양조법을 적고 있다. 특히 주목할 만한 점은 민간에서 음식 만드는 법을 적은 『규합총서閨閤叢書』와 상이한 부분이 많다는 것이다.

열째, 구급救急. 익사·동사나 목매 죽거나 떨어져 죽은 경우, 이에 대한 구조와 치료법, 그리고 동상에 걸리거나 독풀을 먹고 중독되거나 지네·독사에 물리거나 호랑이·멧돼지 등에 물리거나 흙더미 바위에 깔리거나 했을 때 약물 또는 수압·지혈 등의 치료법 130여 가지를 적어놓았다.

열한째, 구황救荒. 수해나 한재로 흉년이 들었을 때 또는 곡식이 떨어졌을 적에 주림과 추위를 이겨내는 방법을 적었는데, 솔잎·잣 잎·느릅나무 껍질·도토리·삼주뿌리·마 등을 음식물로 이용하는 방법들을 적었다. 이것은 생식하는 방법과 많이 유사하다.

열두째, 벽온辟瘟. 전염병을 물리치는 방법을 적었는데, 특히 당시 유행하던 귀신 물리치는 따위의 미신적 고사에 중점을 두어 설명했다.

열셋째, 벽충辟蟲. 뱀·쥐·모기·이·파리·벼룩·좀 등 사람에게 해로운 벌레를 물리치는 방법을 설명했다. 특히 음식물의 보관과 청결 등에 대해 상세히 설명했다.

열넷째, 치약治藥. 우리나라와 중국의 각종 약재를 소개하고 약재 채취법 등 약학에 관해 기술했다.

열다섯째, 선택選擇. 일상생활에서 좋은 날과 나쁜 날, 그리고 좋은 방위와 나쁜 방위를 가리는 법을 설명하고 있다.

열여섯째, 잡방雜方. 일상생활에서 물건을 만들거나 다루거나 손질하는 법을 설명하고 있다. 특히 먹 만드는 법, 글씨나 그림을 보관하는 법, 옷에 묻은 기름을 빼는 법 등을 매우 과학적으로 설명하고 있다.

이와 같은 내용들을 여러 책에서 필요한 대로 인용해 나열·설명하고 있다. 당시의 산물을 중심으로 설명한 것은 물론, 우리의 기후나 생활방식에 맞춰 저자의 경험을 곁들였다. 여러 민간요법을 수집·정리하기도 하고 도가의 방법을 원용하기도 하고 산과 들에 널려 있는 초목이나 약초를 이용해 음식물이나 약물을 만드는 방법을 제시하기도 하고 철따라 기후에 맞는 농사법을 일러주기도 했다.

그는 중국이나 우리나라의 관계서적 80여 종을 인용하고 있다. 그 중에서도 앞에서 언급한 『한정록』을 가장 많이 인용하고 있다. 특히 인용한 책 중 『지리산승방智異山僧方』 같은 책은 지리산의 승려들이 산중생활에 필요한 방문方文들을 적은 것으로 보이는데 오늘날에는 전해지지 않는다.

내용 중에 미신적인 부분이 있기는 하나 우리의 환경과 기후를 충분히 감안한 과학적이고 합리적인 방법을 제시한 것도 많다. 더욱이 도가나 승려들의 산중생활의 지혜를 동원한 것도 많이 수록되어 있다. 이것은 홍만선이 여러 면에 걸쳐 해박한 지식을 가지고 있었음을 알려줄 뿐만 아니라 그의 인생관을 나타내기도 한다. 특히 부자나 양반들을 대상으로 한 것이 아니라 일반 서민들을 염두에 둔 내용이 주류를 이루고 있다. 그래서 농촌에서는 가정보감 같은 구실을 했다.

『산림경제』는 한 번도 출판이 된 적 없지만 많은 이본이 유행하고 있다. 그 까닭은 아마도 생활의 필요에 따라 많은 사람들이 필요한 부분만을 베꼈기 때문일 것이다. 그리고 그 이본에는 저자가 뚜렷이 밝혀져 있지 않다. 생활에 이용하기 위한 것이기에 굳이 저자를 알 필요가 없었으리라. 홍만선의 제자 유중림은 뒤에 스승의 뜻에 따라 책의 항목을 늘리고 설명을 더 상세히 달아 『증보산림경제增補山林經濟』를 펴냈다.

이어 그 뒤에 태어난 서유구는 이 두 책을 참고하고 더 발전시켜 『임원경제십륙지林園經濟十六志』를 저술했다. 그러나 이 책들은 분량이 많아 일반 서민이 쉽게 접할 수 없었다. 이에 빙허각 이씨는 『규합총서』라는 제목으로 음식 만드는 법 등을 중심으로 언문책을 냈다. 내용은 대개 앞의 책들을 참고해 엮은 것이다.

『산림경제』는 이토록 후세에 많은 영향을 끼쳤다. 나라의 경제제도를 뜯어고치거나 조세제도의 모순 등을 시정하는 방책을 담은 경제서적도 중요하지만 일상생활에 관계되는 생활의 개선이나 윤택을 위한 이런 저술에도 특별한 값어치가 주어져야 할 것이다.

생활방식은 각기 환경에 따라 다르다. 그 다른 환경에서 독특한 생활문화가 이룩되는 것이리라. 우리의 기후와 풍토에 알맞은 생활환경에서 빚어진 생활문화는 다른 나라나 민족의 생활문화와는 사뭇 다르다. 예를 들어보자.

첫째, 집의 구조이다. 우리의 전통가옥은 남향으로 앞뒤를 터서 통풍이 잘되도록 지었다. 그래서 겨울철에는 햇볕을 받아 따뜻하고 여름철에는 마파람을 받아 시원하다.

둘째, 음식의 경우이다. 우리의 주식인 쌀은 여름 햇볕에 여물어 겨울에 먹고, 겨울 눈 속에서 자란 보리는 여름에 먹는다. 이것은 자연을 이용한 지혜의 산물이다. 하지만 오늘날의 우리는 이런 생활환경에서 나온 생활문화를 무시하고 있다.

홍만선은 우리의 자연환경에 따른 생산물을 바탕으로 자신의 이론을 폈던 것이다. 그는 흔한 묘지명이나 시를 모은 문집을 내기보다 이 책을 지어 일반 서민들이 이용할 수 있도록 했다. 이 책은 오늘날 우리나라 생활사를 규명하는 데에 크게 활용되고 있다. 근래에 원본 그대로 영인해 간행하기도 했고 한국고전번역원에서 번역해 내기도 했다.

이익

방대한 저술로 찬란한 자취를 남긴 중농학파의 거성

우리나라 실학사상가의 태두를 꼽을 때 흔히 성호星湖 이익李瀷 (1681~1763)을 든다. 그런데 실학사상이란 무엇인가? 그것은 지 난날의 잘못된 제도를 뜯어고쳐 나라와 사회를 부강하게 하고 살찌우자는 개혁의 이론이다. 그러기에 17~18세기에 성하게 일 어난 실학사상을 두고 한국의 문예부흥운동이라고 말한다. 서구 의 문예부흥운동이 인간성 회복을 위한 인문운동이었다면 실학 사상은 현실개혁을 위해 사회경제 문제를 중심으로 전개되었다.

그러기에 엄밀한 의미에서는 같은 내용은 아니지만, 본질적으 로 인간의 문제를 두고 고민했다는 점에서 같은 시각으로 보아 도 무방할 것이다. 이런 개혁이론의 최고봉으로, 18세기라는 격

동기를 살았던 이익을 꼽게 된 배경을 알아보기로 하자.

그의 조상은 서울에서 가까운 광주에 살면서 대대로 높은 벼슬을 누렸다. 그러나 17세기, 당쟁이 격화되면서 남인에 속했던 그의 집안에 비운의 그림자가 깃들였다. 아버지 이하진은 당시 언관의 총수였던 대사헌의 관직에 있으면서 남인의 거두 허목과 정치적으로 행동을 같이하고 있었다. 그러다가 1680년(숙종 6) 남인이 서인에 의해 정권에서 밀려나자, 아버지는 처음에는 진주 목사로 좌천되었다가 끝내 평안도 운산으로 귀양 가는 몸이 되었다.

어머니는 유배지에 따라와 남편을 수발했는데, 그는 이 유배지에서 태어났다. 그의 탄생은 바로 집안의 비운을 함께한 꼴이 되었다. 이익은 9남매 중 막둥이로 태어났다. 보통 가정에서 늘 그러했듯, 막둥이로서 아버지의 사랑을 독차지했을 텐데 돌이 되기 전에 아버지는 유배지에서 죽었다.

어린 이익은 곧바로 고향 첨성리로 돌아왔다. 그는 어릴 적부터 잔병치레가 잦아 어머니가 항상 약탕기를 몸에 차고 다닐 정도였다고 한다. 그래서 글을 늦게 배웠다. 장성한 형들에게서 글을 배웠으나 뚜렷한 스승이 있었던 것은 아니었다. 평생 혼자 많은 책들을 섭렵한 끝에 자득한 것이다.

어릴 적 흔히 명문가에서 그러했듯 그는 과거공부에 열중했다. 스물다섯 살이 되어 향시鄕試에 합격했으나 과거장에서 부정이 판치는 것을 보고 회시會試에는 나가지 않았다. 다음해에는 둘째 형 이잠이 장희빈을 옹호하다가 모진 형벌 끝에 죽임을 당했다. 당쟁의 앙화가 두 번째로 그의 가문에 덮친 것이다. 이 험한 꼴들을 본 뒤 그는 결코 과거장에 나가지 않았다. 그리고 나라에서 벼슬을 내려도 한사코 받지 않았다. 그는 첨성리에 성호장星湖莊을 짓고 학문에 몰두하면서 때로 농사를 지을 뿐 서울 나들이도 잘 하지 않았다.

그가 마흔여섯이 될 적에 나라에서는 선공감繕工監 가감역假監役이라는 하찮은 벼슬을 내렸다. 그리하여 어쩔 수 없이 임금에게 사은謝恩을 하고자 서울 나들이를 하게 되었다. 그러나 사은은 할 필요가 없으니 제조提調(총책임자)에게 명함이나 내라는 말을 듣고 이렇게 말했다. "사은을 하려고 왔거늘, 벼슬할 뜻이 없는데 무엇 때문에 명함을 드릴까보냐." 그러고는 고향으로 돌아왔다. 이후 그는 더욱 학문에 열중했다. 그의 명성이 자자하자 이웃 고을에서 많은 제자들이 찾아들었다. 특히 권철신과 안정복 같은 제자들이 그의 집을 자주 찾아들었는데 뒤에 이들은 으뜸 제자가 되었다.

여든두 살이 될 적에 나라에서 노인에게 주는 첨지중추부사僉知中樞府事라는 명예직을 내려 그의 학덕을 기렸다. 이 해가 저물 무렵 그는 세상을 떠났다. 그는 죽기 전에 자신의 명정을 써두었는데, '성호징사여주이공지구星湖徵士驪州李公之柩'라는 열 자뿐이었다. 이것은 당시 조그마한 벼슬만 있어도 명정에 요란스레 쓰는 풍조를 배격하고 스스로 야인이요 선비임을 표방한 것이다.

검소와 절제를 몸소 실천하다

그는 벼슬을 해 녹봉을 받은 것도 아니요, 그렇다고 선대에서 물려준 토지가 많은 것도 아니었다. 글만 읽고 게다가 고아가 된 어린 조카들까지 부양하다 보니 생활이 말이 아니었다. 비록 머슴 하나를 두고 몇 뙈기의 논밭을 갈아먹었지만 이것으로 살림을 꾸리기에는 어림도 없었다. 그래서 뽕나무를 심고 목화를 재배해 옷을 지어입고 과실나무를 심어 제수에 쓰기도 했다.

이렇게 직접 농사를 짓고 목화를 재배하면서 검소한 생활을 몸으로 익혔다. 콩죽과 콩장, 콩나물로 끼니를 때우면서 요기를 하는 데는 '콩이 제일'이라고 말하기도 했다. 그는 주위 사람들에게 검소한 생활을 권장하면서 놀고먹는 사람을 꾸짖고 또 놀고먹으려면 하루 한 끼로 만족해야 한다고도 했다. 그가 늙어서는 송곳을 꽂을 한 치의 땅도 없었다고 한다.

한번은 고을 원살이를 나간 외아들 이맹휴가 끼니를 때우지 못하는 아버지를 생각해서 먹을거리를 보내주었다. 그러자 이익은 이를 내치면서 아들에게 이런 편지를 보냈다.

> 무릇 백성에게서 거두어들이는 것은 열이면 여덟, 아홉이 비리인데, 이런 것으로 아버지를 봉양하는 처사가 옳겠느냐? 내가 내 밭을 일구어 주림을 구하고 추위를 면할 수 있으니, 역겨운 고기는 마땅히 게워낼 것이니라.
>
> 『성호전서星湖全書』「가상家狀」

한 치라도 부정하다고 생각되면 받아들이지 않는 그의 성품을 엿볼 수 있다.

이런 생활 속에서 그의 검소와 절약의 생활철학이 나온 것이다. 그는 제사를 지낼 적에도 간단하게 차렸고 게다가 서인은 제사를 지내지 않고 천신薦新(철따라 나는 음식을 조상의 신주에 바치는 의식)으로 대신해도 된다고 했다. 그리고 아내가 아들의 임지에서 죽자 아들에게 상례를 아주 간단하게 할 것을 타이르면서, 간소하게 하는 절차까지 일러주었다(『성호전서』「상위일록喪威日錄」). 그뿐만 아니라 모든 예식을 간소하게 하라는 글을 제자들에게 보내기도 했고 의식에 관한 것을 손수 저술하기도 했다(『성호사설류편星湖僿說類編』).

이런 생활방식은 달리 표현되기도 했다. 그는 사람을 대할 적에 신분이 귀하다고 특별히 대접하지도 않고 신분이 낮다고 푸대접하지도 않았다. 어디까지나 모든 사람을 인간답게 대했다. 그리고 특별한 까닭 없이 닭이나 개를 잡지도 않았다.

그는 인정도 유달리 많았다. 둘째 형이 불행하게 생을 마친 뒤 후사가 없자 양자를 들이고 서출의 조카들도 모두 거두어 길렀다. 누이가 과부가 되자 친정어머니 곁에 살도록 주선하기도 했고 머슴이나 종들도 함부로 부리지 않았다. 명정에 썼듯이 그는 철저한 야인으로, 어쩌면 그가 가장 좋아하던 시골의 농부답게 살다 간 것이리라.

대개 지식인은 관념의 세계에 빠지기 쉽다. 그러나 이익은 몸소 실천함은 물론 현실관 역시 당면 과제를 중심으로 전개되었

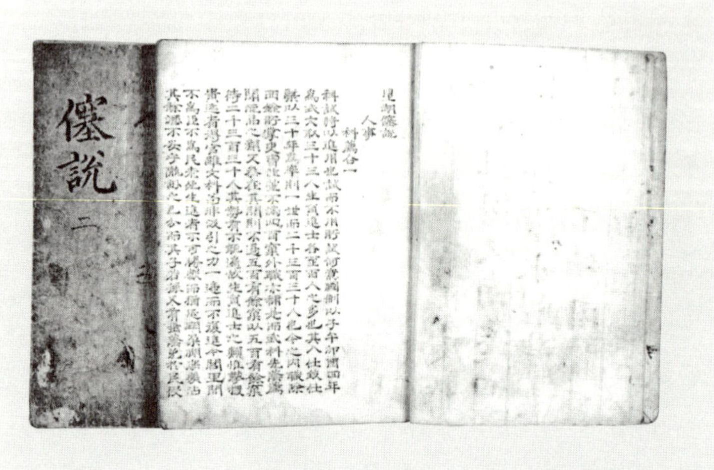

『성호사설』 필사본. '사설'이란 일종의 잡저를 의미하며, 백과전서적 전서로서 가치가 크다. 천지문天地門·만물문萬物門·인사문人事門·경사문經史門·시문문詩文門의 5가지 문으로 크게 분류되어 총 3,007 항목의 글이 실려 있다.

다. 조선 왕조의 선비가 대체로 그러했듯 그도 경학을 소홀히 한 것은 아니나, 적극적이며 계몽적 방법으로 현실 문제를 타개하려고 한 점이 두드러진다.

현실개혁과 자주의 역사를 강조하다

그의 현실개혁이론을 몇 가지로 나누어 살펴보면 다음과 같다.

첫째, 농업사상이다. 그는 철저한 농본주의자이다. 농업의 생산품을 인간의 삶을 영위하는 기초단위로 이해해 농업의 경영이 곧 나라와 개인의 부를 이룩할 수 있는 지름길이라고 보았다. 그래서 상업 활동은 말리末利로 보아 이를 억제하려 했다. 이것은 중국이나 우리나라에 있던 전통적 경제관이기는 하나, 당시 농업이 황폐해가고 있는 현실을 염려한 데서 나온 생각으로 보인다.

둘째, 토지의 균분이다. 그는 당시 대지주가 손 하나 대지 않고 도조賭租를 받아 부를 축적하는 반면, 농민은 농사지을 땅이 없는 현실을 목도했다. 그리하여 토지의 균분을 위해 영업전永業田 제도를 주장했다. 다시 말해서 농가마다 일정한 토지를 주고 매매하지 못하게 하면 농민은 농토를 보존하고 대지주는 영업전의 한도 이상은 차차 팔게 되어 토지를 고루 소유하게 된다는 이론이다.

셋째, 신분제도의 문제이다. 서자의 사회진출을 막는 처사는 옳지 못하다고 본 그는 노비가 양반에 얽매여 농업에 종사할 수 없는 폐단을 지적했다. 그 자신이 서자 동생들을 거느리고 차별을 두지 않고 돌보았다.

넷째, 당쟁에 대한 폐단을 지적했다. 당쟁은 바로 이익을 차지하기 위한 싸움에서 나온다고 보았고, 그 이익의 대상은 바로 벼슬자리라고 지적했다. 과거의 폐단이 일어나기 때문에 과거제도를 고쳐야 한다고 주장했다.

끝으로 그가 가장 핵심적으로 주장한 것은 바로 자주정신이었다. 우리나라는 결코 중국에 예속될 수 없으며 자주정신을 생존의 밑거름으로 이해했다. 그리하여 우리나라 고대사의 정통성을 삼한으로 보고 삼한정통론三韓正統論 등을 주장했는데 이를 제자 안정복이 구체적 이론을 들어 체계화했다.

이러한 그의 사상은 제자들에게 이어졌다. 한줄기는 권철신, 정약용으로 이어져 서학과 과학을 토대로 한 실학사상으로, 또한 줄기는 안정복, 허전으로 이어져 자주역사와 경학적 개혁 사상으로 확산된다. 이들을 실학사상가 중 경세치용학파라고 부른다.

그는 수를 누리면서 한편으로는 가난하게 살았지만 많은 제자를 기르고 방대한 저술을 남겨 우리의 역사에 찬란한 빛을 던지고 있다. 단지 그의 개혁이론이 봉건체제의 모순을 전면적으로 철저하게 뜯어고치기보다 온건하고 점진적인 방법을 제시했다는 한계를 지적받기도 한다. 그러나 그가 그런 의지를 지니고 있었더라도 몰락한 남인이요, 주목받는 가문이라는 정치 환경을 감안하면 그 한계는 충분히 납득된다.

그가 살던 마을이 보이는 언덕에 그의 묘소를 잡았으나 묘비를 세울 경비가 없었다. 그러다가 사후 204년 만인 1967년에야 묘비와 석물을 세웠다. 오늘날 첨성촌이 있는 안산시에서는 성호기념관을 건립하고 1996년부터 해마다 성호문화축제를 거행해 그의 정신을 시민들에게 알리며 기리고 있다.

4부

비판하고 개혁하라

안정복 / 홍대용 / 이긍익 / 위백규 / 우정규 /

홍대용은 북경에서 배운 과학기술 지식을 탑골 박지원의 사랑채에 모인 젊은 엘리트들, 곧 이덕무, 박제가, 이서구, 유득공 등에게 열심히 전수했다. 젊은이들은 이구동성으로 과학기술을 중심으로 조선의 발전을 기약해야 한다고 역설했다.

안정복
삼한정통론으로 역사의 자주성을 밝힌 실학자

영락한 떠돌이 신세

순암順庵 안정복安鼎福(1712~91) 하면 대부분 『동사강목』을 떠올릴 것이다. 사실이 그렇다. 후기 실학자들은 대체로 현실개혁의 방안으로 토지제도나 신분제도 같은 사회·경제적인 문제에 토대를 두고 서학의 수용과 서양 과학기술의 도입 등을 한 방법으로 내세웠다. 그러나 안정복은 조금 달랐다. 그는 개신 유학의 이론가로 자주 역사를 기록하기에 온 정열을 쏟아 민족의식을 확립하는 데에 기여했다.

그러나 후세에는 그를 흔히 보수 경향의 개혁사상가라고 부른다. 이익에게는 두 계열의 제자들이 있었다. 하나는 보수 경향을 지닌 우파였고, 다른 하나는 급진주의적 방법론을 제시한 좌파였다. 안정복은 우파에 속했다.

안씨 집안은 본디 경기도 광주 일대를 세거지世居地로 삼고 살았다. 그런데 낮은 벼슬아치로 있던 할아버지 안서우는 서울 남대문 밖 청파동에 집을 마련하고 있었다. 그러나 벼슬을 내놓은 뒤에는 생계가 막연해 친척이 사는 제천 유원으로 온 가족을 거느리고 이사했다. 가족이 이곳에 옮겨온 지 두 달 뒤에 그가 태어났다. 그는 어머니의 뱃속에서부터 옮겨 다니는 신세였던 것이다. 그가 네 살 적에 다시 서울로 올라와 외가가 있는 건천동에서 더부살이를 했고, 2년 뒤에는 외할머니가 농장이 있는 영광으로 가자 어머니와 함께 그곳에서 지냈다.

외가는 효령대군의 후손으로 살림이 넉넉했던 것으로 보인다. 그는 아홉 살 적에 서울로 올라와 남대문 밖 남정동에 있는 친가로 왔고, 열네 살 적에는 할아버지가 울산부사로 승진해서 그곳 임소任所에 가서 잠시 지냈다. 이때는 할아버지가 녹봉을 받았으니 조금 살 만했을 것이다.

1년이 못 되어 할아버지의 벼슬이 떨어지자 무주로 옮겨왔다. 안정복이 스물네 살이 되어 할아버지가 세상을 뜰 때까지 그곳에서 살았다. 이듬해에는 선조 대대로 세거지였던 광주부 경안면 덕곡리로 옮겨와 살았다. 그 뒤로는 이사를 다니지 않았다. 이토록 그가 이곳저곳 옮겨 다닌 것은 그의 소년·청년 시절이 그다지 평탄하지 않았음을 뜻한다.

늦은 나이에 출사하다

안정복은 비록 조상의 고향으로 돌아왔으나 재산이 있는 것이 아니어서 밭 몇 뙈기로 많은 식구를 먹여 살려야 했다. 그러면서도 학문을 조금도 게을리 하지 않았다. 그의 스승이었던 할아버지가 없는 세상에서 스스로 깊은 학문의 경지를 개척해나갔다. 그뿐만 아니라 가산을 경영하면서 동약洞約 등을 만들어 마을 풍속을 바로잡고 교화를 펴는 데도 힘을 쏟았다.

안정복은 10여 년 동안 학문에 열중했으나 풀리지 않는 의문이 너무나 많았다. 이에 같은 고을 첨성리에서 제자를 기르며 학문으로 이름이 높은 이익을 찾아갔다. 아마도 오래전부터 이익의 이름을 듣고 있었던 것으로 보이는데 그제야 찾아간 것이다. 이익은 그의 학문 경지를 높이 평가했다. 이익을 만난 안정복은 옛 성현의 가르침을 성실히 따라 실천해야 하며 특히 주자의 가르침에 충실한 것이 참다운 학자의 길이라고 주장했다.

그렇지만 이익은 '자득自得'을 간곡히 당부했다. 다시 말해서 옛 성인의 가르침을 토대로 학문을 전개하되 그것은 어디까지나 섭취할 뿐이요, 거기서 새로운 의문과 비평의식을 길러 창조적 방향으로 나가야 한다고 일러준 것이다. 그는 이익의 말에서 학문의 새로운 경지를 발견하게 되었다. 고루한 선비가 새롭게 개안한 것이다.

그는 의문이 있을 적마다 스승 이익에게 글을 올려 물어보거나 직접 찾아가서 토론을 거듭했다. 이익 또한 안정복의 물음에

사숙재 안정복을 기리는 사당인 사숙재 전경. 경기도 광주시 소재

상세히 답하는 것은 물론 그를 남달리 인정해 자신이 마치지 못한 저술의 정리를 부탁하기도 했다. 특히 이익은 백과사전격인 『성호사설』의 정리를 그에게 당부했다.

이익과 안정복, 이 두 사람의 만남은 한국 실학사를 평가할 때 퍽 다행한 일이었다. 안정복의 명성은 30대 후반에 들어 널리 퍼졌다. 조정에서는 비록 낮은 벼슬이기는 하나 벼슬을 내려 그의 능력을 인정하기에 이르렀다.

서른여덟 살 때인 1749년(영조 25) 3월, 동몽교관童蒙教官(관학의 교수)이, 같은 해 5월에는 후릉참봉厚陵參奉이 제수되었으나 부임하지 않았다. 이익이 이를 추천했다고도 한다. 이때 안정복은 이익에게 다음과 같은 편지를 올렸다.

지난날 동몽교관은 경학으로 되었고, 오늘 후릉참봉은 문음門蔭
(조상의 공로로 주는 벼슬)으로 되었습니다. 경학은 아는 것이 없고 문
음은 저의 부친보다 직급이 높아 나아가지 않았습니다. 어떤 사람
은 부친보다 직급이 높아서 출사하지 않았다고 말하라지만, 그러
면 부자가 함께 높이 되는 것을 바라는 것에 지나지 않기 때문에
그만두었습니다.

그런데 같은 해 11월에 다시 만녕전참봉萬寧殿參奉이라는 미관
말직에 제수되자 출사했고, 1751년에는 의영고봉사義盈庫奉事로
임명되었다. 의영고는 궁중에 쓰이는 기름·꿀·과일 따위 물품
을 관리하는 기구로, 이곳의 봉사는 종8품에 해당하는 가장 하
급의 직책이다. 그야말로 선비로서는 맡을 만한 벼슬이 아니다.
하지만 비록 미관말직에서도 직무를 충실히 해 다음해 그만둘
때에는 그곳 벼슬아치와 이속들이 거사비去思碑(공적을 기리는 비)를
세워줄 정도였다 한다. 이 소문을 들은 이익은 다음과 같은 편지
를 보냈다.

의영고 문밖에 거사비를 세웠다 하니 미관말직으로서는 고금에
없는 일이네. 자신의 일에 충실한 한 작은 관리의 모습을 가히 알
만하네. 나의 벗은 직분이 낮다고 해 그만두는 일이 없기를 바라네.

낮은 관직에서 차차 진급되어 정릉직장靖陵直長을 거쳐 1754년
에는 사헌부 감찰監察(정6품)이 되었다. 관계에 들어선 지 5년, 마
흔세 살로 겨우 출륙出六에 오른 것이다. 출륙은 벼슬 등급의 한
고비로 말직을 벗어나는 단계이다. 하지만 사헌부의 감찰은 벼
슬아치의 부정을 캐고 시정을 건의하는 자리여서 요직에 속했다.

벼슬에서 물러나 저술에 몰두하다

감찰이 된 해 6월 부친상을 당했다. 그는 관례에 따라 관직에
서 물러나와 부친의 3년상을 마치고, 한가한 틈을 타서 『임관정
요臨官政要』를 정리·편찬했다. 20대 청년 시절 수령이 지켜야 할
「치현보治縣譜」를 편찬한 적이 있다. 『임관정요』는 이것을 다시
다듬고 보충해 1757년에 완성한 것이다. 여기에는 수령들의 처
신을 비롯해 지방행정의 모든 것을 요약해 담았다.

그의 관심은 대단히 넓어서 백성의 구휼을 비롯해 지방행정의
조세·군사·형옥 등을 망라했다. 이 책은 처음에는 널리 보급되
지 않았으나 관심이 있는 벼슬아치들이 베껴가 읽었다. 정약용
의 『목민심서』보다 일찍 편찬한 개혁방안이었으나 내용이 온건
하다는 평을 듣는다.

이 무렵 순암이라는 서실을 짓고 학문과 저술에 몰두했다. 이
때부터 '만사는 순리에 따른다'는 뜻으로 순암이라는 호를 쓴 것
으로 보인다. 당시 그의 관심 분야는 훨씬 넓어졌다. 그는 이익에

게 서신을 보내 한창 논의 중인 천주교를 이단으로 규정지었다.

근래 서양의 서적을 보니 그 설이 비록 정밀하나 종시 이단의 학이었습니다. 우리 유학의 수기修己·양성養性, 행선行善·거악去惡은 하나의 당위를 행하는 것이지, 일호라도 후세의 복을 받고자 하는 것이 아닙니다. 서학은 수신하는 것이 하느님의 심판을 위한 것이라고 하니, 우리 유학과는 크게 다릅니다. 『천주실의』에는 "천주가 노하여 루스벨을 마귀로 만들어서 지옥으로 내려 보냈다. 이로부터 천지간에는 마귀와 지옥이 있게 되었다" 하였습니다. 이 말을 살펴보건대 이것은 틀림없이 이단입니다. 천주가 만일 루스벨로 하여금 지옥을 만들었다면 지옥은 천주의 사옥私獄에 지나지 않습니다. 그리고 지옥이 생기기 전에 악을 저지른 자는 지옥의 고통을 받지 않을 것이니, 천주의 상벌을 다시 어디에 베풀겠습니까?……

『순암총서』「상성호선생서별지上星湖先生書別紙」

이것은 바로 서학에 대한 안정복의 견해를 단적으로 표현한 것이다. 그는 『천주실의』를 꼼꼼하게 살펴보고 천당지옥설에 초점을 맞추어 비판했다. 곧 루스벨이 천국의 고귀한 천사였으나 그리스도의 지휘권을 찬탈하려고 하늘전쟁을 벌이다가 천주에게 쫓겨나 지옥에 떨어졌다는 교리를 철저하게 부정했다. 그리고 천주교를 이단으로 보면서 금지해야 한다는 논거를 펴고 있었다. 그는 이와 관련한 견해를 밝힌 글을 여러 편 썼다.

안정복은 1758년 마흔여덟 살 때 초라한 고향의 초가에서 대작 『동사강목』을 3년에 걸쳐 완성했다. 벼슬길에서 물러난 지 5년 만의 성과이다. 『동사강목』은 그 뒤 20년에 걸쳐 손질을 거듭했다. 이익의 자주사관을 충실히 계승하고 종래의 사대사관을 탈피해 조선은 어디까지나 조선민족이 세운 나라임을 밝힌 것이다.

1762년에는 스승의 저술인 『성호사설』을 산정刪定·분류해 12권으로 만드는 데 심혈을 기울였다. 쉰두 살 적에는 스승 이익의 장사를 치렀다. 그는 스승의 유업을 받들어 스승의 저술을 정리하게 된다.

얼음처럼 깨끗이 벼슬을 살다

영조의 배려로 예순이 넘은 그에게 동궁(뒤에 정조)을 가르치는 일이 맡겨졌다. 그는 정성을 다해 동궁에게 참 왕도의 길을 가르쳤고, 한편으로는 현실의 개혁을 위해 반계 유형원이 지은 『반계수록』의 중요성을 영조에게 역설해 『반계연보磻溪年譜』를 왕명으로 지어 올리기도 했다. 영조가 죽고 정조가 왕위에 오른 뒤 그에게 목천현감의 수령 자리가 주어졌다. 1776년, 그의 나이 예순다섯 살이었으니 걸맞지 않는 벼슬이었다. 아마 정조는 그의 포부와 개혁방안을 직접 백성들에게 시험해볼 기회를 준 것이리라.

그는 여러 번 사양했지만 끝내 3년 동안 이 일을 보았다. 그는 원 노릇을 하면서 『임관정요』에 기술한 대로 백성의 세금을 덜어주고 굶주린 백성을 구제하고 화목을 도모해 민폐를 없애는

데 정열을 기울였다.

그가 백성들을 위해 여러 가지 일을 벌인 지 몇 달이 못 되어 백성들의 원성이 끊어졌고 곳곳마다 송목비頌木碑가 백성들의 손으로 세워졌다. 백성들은 나무를 깎아 원의 덕을 기리는 비를 세웠는데 그 비에는 "관이 스스로 얼음을 저장하니 정치가 얼음과 같이 맑고, 관이 스스로 장부를 만드니 역사에 실릴 만하다"라고 되어 있었다.

이는 그의 행적을 칭송한 것으로 그 내용은 다음과 같다. 그는 관에서 쓸 얼음을 백성을 동원해 저장하는 폐단을 보고 관에서 경비를 지불해 얼음을 저장했다. 그리고 종래 세미운반비를 부당하게 거두어들였던 폐단을 없애기 위해, 쌀을 팔아 적당한 이식을 불려서 세미운반비를 충당해 장부를 만들었다.

어느 날 충청감영에 다녀오다가 이 목비를 본 안정복은 이것을 모조리 뽑으라고 지시했는데 뽑힌 목비가 한 수레나 되었다고 한다. 온갖 수탈을 일삼으면서도 손수 그럴 듯하게 선정비를 세워 후세에 전하려 했던 여느 고을 원들에 견주어본다면 그가 어떤 인물이었는지 짐작할 수 있다.

그 뒤 실직을 받은 것은 아니었지만 통정대부通政大夫에 올랐고 광성군廣成君에 봉해지는 세속적 영광을 입었다. 그는 여든의 세수를 누렸다. 영조·정조의 탕평시기에 활동한 탓으로 당쟁에 휘말리지 않고 천수를 누릴 수 있었다.

『동사강목』 안정복은 많은 저술을 남겼으나, 민족의 자주적 주체성을 천명한 『동사강목』을 으뜸으로 친다.

삼한정통론을 발전·체계화하다

그는 많은 저술을 남겼으나 『동사강목』을 으뜸으로 친다. 『동사강목』은 우리나라 역사를 자주적으로 체계를 세워 기술한 것이다. 그는 우리나라 역사책이 제대로 이루어진 것이 없음을 안타깝게 여기고 마흔여덟 살에 일단 완성했다. 그러나 그 뒤 끊임없이 교정을 거듭한 것을 보면 긴 세월에 걸쳐 이루어졌음을 알수 있다. 그는 이 책을 저술하기 위해 우리나라 역사에 관계되는 서적은 모조리 보았는데, 특히 유형원이 우리나라 역사에 관해 쓴 글에 주목했다. 또한 중국의 모든 역사책을 섭렵하기도 했고 『일본서기日本書紀』도 입수했다.

그리하여 지난날 우리의 역사책이 자주성을 결여한 내용을 시정했다. 곧 단군·기자·삼한을 정통의 줄기로 잡고 한족이 침입해 세운 위만조선이나 한사군은 정통에서 제외한다. 정조가 이 책에 관심을 가져 1783년에는 왕명을 받아 규장각 직재소에서 직접 교정해 왕에게 올렸다.

자주의 역사가 없고 그 역사를 가르치지 않는 민족은 오래 버티지 못하는 것이 바로 역사의 교훈이다. 이런 점에서 그의 역사 기술은 바로 민족의 자존심과 민족의 주체를 확립하는 기초 작업이 되었다.

물론 이 책은 지나치게 유가적 기준에서 합리성을 따지거나 독자적인 체계보다 주자의 『통감강목通鑑綱目』을 따랐다는 한계를 지니고 있기는 하나, 우리나라 최초의, 자주성을 바탕으로 한 역사책임에는 재론의 여지가 없다.

그의 사관을 좀 더 구체적으로 알아보면 이러하다. 삼한정통론은 앞서 살핀 것처럼 이익이 주창했는데, 안정복은 이 주장을 충실히 계승하고 있다. 정통론이란 중국 사가들이 중국의 천자를 세계의 통치자로 보고 뒤를 잇는 왕조를 그 계보를 대어 정통으로 만드는 것이다. 특히 주자는 북방민족이 중국을 침략해 왕조를 세우는 현실을 보고 정통론 확립의 이론을 내놓았다. 그러니 중국 이외에는 독자적 천자국이 있을 수 없으며, 따라서 정통도 있을 수 없는 것이다.

　이러한 중국의 정통론을 맹목적으로 따른 고려·조선의 사가들은 애써 소중화로 자처하면서, 우리나라를 중국의 제후로 만들어버리는 결과를 낳고 있었다. 이것은 김부식의 『삼국사기』에서 부분적으로 드러나고 서거정 등이 편찬한 『동국통감東國通鑑』에서 두드러지게 나타나고 있었다. 이를 통탄한 안정복은 『동사강목』의 서문에서 다음과 같이 밝히고 있다.

> 여러 사서를 읽어보고, 변함없이 바로잡을 뜻을 가졌다. 우리의 역사[東史]를 널리 취하고, 중국사에서 동쪽의 일을 기록한 것을 깎고 다듬어 책을 만들었다. ……대저 사가의 대법은 계통을 밝히는 것. 찬역簒逆을 엄히 하는 것, 시비를 바르게 하는 것, 충절을 기리는 것, 전장典章을 상고하는 것이다.……

이런 대법의 바탕 위에서 『동사강목』을 기술하면서 범례 첫머리에 다음과 같이 기술한다.

> 무릇 계통은 사가가 책머리 제일의第一義로 삼는데, 『동국통감』은 단군·기자의 사적을 별도로 외기로 삼았으니 그 의의가 옳지 않다. 그러므로 지금 정통을 기자에서 시작하고 단군을 기자가 동래한 아래에 붙였는데…….

　이와 같이 안정복은 우리나라의 정통이 단군임을 밝히고, 이어 그 정통의 이어진 계통을 단군-기자-마한-통일신라-고려라

했다. 이어 위만은 찬탈한 도적이기 때문에 『동국통감』에서 단군·기자와 합해 삼조선三朝鮮이라 한 것은 잘못이므로 삭제한다고 했다. 그러면서 부연하기를 단군이 처음 나라를 열었고, 기자는 처음으로 문물을 흥기시켜 각기 1천여 년 간 신성의 다스림이 없어지지 않았다고 천명했다.

한편 기자의 후손은 위만에게 쫓겨 남쪽으로 내려와 한韓의 왕조를 이었으니 정통이 자연히 한으로 이어졌다고 규정했다. 위만은 어디까지나 찬탈을 벌였으므로 정통이 될 수 없다는 것이다.

이것이 '삼한정통론'의 대강이다. 삼한정통론을 제창함으로써 우리나라 역사는 1천여 년이 끌어올려졌고, 중국이 천하의 중심이요 세계의 지배자란 사관에 대립해 독자적 역사관이 제시된 것이다.

그러나 안정복은 『동사강목』에서, 기자의 동래설에 관해서는 일말의 의구심도 갖지 않았고 단군을 국조로 밝히면서도 기자의 아래에 둔 역사의식의 한계를 보여주고 있다. 그리고 "발해를 우리나라 역사에 기록하는 것은 부당하다. 본래 고구려의 고토를 차지했으나 우리나라 경계와 상접해 있었을 뿐이다"라고 해 발해를 한국사에서 제외시키고 있다.

어쨌거나 이것은 당시 학자들의 통념을 깨는 것이었고, 종래의 사관에 일대 반기를 든 것이라 평가할 수 있다. 이외에 『동사강목』 속에 흐르는 사상을 살펴보면 다음과 같다.

첫째, 외래 침략자를 격퇴한 역사적 사실을 강조해 서술하고, 충신과 명장들의 빛나는 활동을 높이 평가한 것이다. 고구려의 대수당전쟁對隋唐戰爭과 고려의 대거란對契丹·몽골 전쟁 등에서 조국의 수호를 위한 민중의 분투와 을지문덕, 강감찬, 서희 등 뛰어난 인물들의 업적을 찬양하고 우리 민족의 용감성을 자랑하는 한편, 통일신라 이후 문치를 숭상하고 국방에 관심을 돌리지 않아 나라가 약하게 되었다고 통탄했다. 고려 성종이 주군州郡의 병기를 수납해 농구로 개조한 사실을 들어 외적의 침입에 무엇으로 방어할 것이냐고 비난하기도 했다.

둘째, 백성의 생활을 돌보지 않은 채 착취에만 치중하는 봉건국가의 대민정책을 비평했다. 고구려 고국원왕의 진대법賑貸法 시행에 관한 안설按說(필자의 개인 견해를 밝힌 대목)에서, 무상으로 주는 것은 좋지만 빌려주는 것은 좋지 않다고 말하고, 빌려주는 것은 백성에 대한 국가의 착취를 의미하는 것이라고 논파했다. 또 고려 광종 때 시행된 노비안검법奴婢按檢法의 부당함을 지적하고, 문종 때 억울하게 죽은 노비의 옥사에 분격해 옥사를 신중하게 다루어야 할 것과 그 개혁을 주장했다.

이처럼 안정복은 중국 중심의 사대사관에서는 탈피했으나 주자의 역사기술을 충실히 따르고 있다. 또한 경학 중심의 토대 위에서 현실개혁을 주창하다 보니, 서구 문물에 대해 지나치게 보수적인 경향을 지니고 있다. 그러나 현실개혁에 대한 정열과 비판정신은 여타의 개혁론보다 두드러지게 나타나고 있다.

실사구시의 선구자

안정복의 실사구시적 태도는 사론을 집약적으로 표현한 『동사강목』에서보다는 여타의 논설 등에서 잘 나타나고 있다. 『동사강목』 부권으로 「고이考異」, 「괴설변怪說辨」, 「지리고地理考」를 붙여 단군설화, 진흥왕 순수비, 역대 강역고歷代疆域考 등을 설명하면서 국가의 현실정책과 연관지어주고 있다. 여기에서는 성제설城制說, 변방종수설邊防種樹說, 동국지계설東國地界說, 왜국지계설倭國地界說 등 다른 실학파의 개혁론과 다른 내용에 대해서만 간략히 소개하고자 한다.

성제설과 변방종수설은 국방정책에 관한 것이다. 성제는 당시 방비책의 기본수단으로 되어 있었다. 성제의 기본은 옹성甕城(사각형 모양의 성 앞에 원형 또는 방형方形으로 성문 밖에 부설해 성문을 보호하고 성을 지키기 위해 만든 것)과 치성雉城(凸모양의 작은 성을 성문 앞에 설치하고 좁다랗고 긴 통로를 만들어 본성을 보호하는 시설)이 있음을 설명하고, 우리나라에는 치성이 제반 여건에 맞다고 주장했다.

그리고 변방종수설에서는 좁다란 통로 양쪽에 군데군데 포루를 설치하고 나무를 심어 적의 침입을 막아야 한다고 했다. 토석土石과 목책木柵은 헐고 불태울 수 있지만, 나무를 심으면 불태우거나 헐기 어려워 석성石城보다 열 배나 이익이 된다고 강조했다. 따라서 우리의 성제가 이와 같지 않고 실익과 거리가 멀게 축성되고 있음을 시정해야 한다고 했다.

곧 변방종수설은 이런 성제를 개혁하고 변방에 나무를 심자고 주장한 것이다. "서북양계도西北兩界圖를 벽에 걸어놓고 보니 적에게 먹힐 것이 틀림없다"고 하면서, 축성은 노력과 경비가 많이 들고 변방 경비에 중요한 몫도 담당하지 못하므로, 변경 일대에 도토리나무와 가죽나무를 심어야 한다는 것이다.

의주에서 경원까지는 1천여 리로 각 진보鎭堡가 널려 있다. 장졸들에게 그 진보 주위에다 1~2년 안에 나무를 심게 하면 4~5년 안에 성장해 요해要害의 구실을 한다고 했다. 그러고는 그 안에다 토성을 쌓으면 만주 일대의 야인들이 쉽게 침범하지 못한다고 했다.

대부분의 실학파가 내정문제에는 깊이 관심을 두면서, 변방 경비 등의 국방정책에 대해서는 소홀했다. 그러나 안정복은 국방정책에 많은 관심을 가지고 고민하고 연구했다. 이를 통해 그가 지닌 실사구시의 일면을 엿볼 수 있다.

동국지계설은 우리나라 국경문제를 논파한 것이다. 우리나라는 삼면이 바다요, 서북쪽은 험하기 때문에 적을 사방에서 받게 된다. 남쪽 왜와의 거리는 바람이 좋으면 2~3일밖에 걸리지 않는다고 했다. 서쪽의 중국과는 틈만 나면 수·당의 예처럼 접전이 있게 된다. 그러나 삼면은 바다이기 때문에 국경에 대한 분쟁은 없으나, 서쪽은 늘 국경분쟁의 대상이 된다 했다. 그러고는 오랄烏喇(지금의 선양) 이남은 우리의 고토였는데, 수·당·송 및 발해·거란·완안부完顔部 등의 잡종이 교대로 일어나면서 지계地界가 점점 축소되었다고 했다. 이어 신라도 백제와 고구려를 평정할 것만을 생각해 이 옛 강토를 수복하지 못했다고 지적했다.

　그리고 조선 숙종 때, 청의 오랄총관 목극등이 강계(백두산정계비)를 정하면서, 강줄기만으로 경계를 삼아서 수백 리 땅을 거저버렸다고 통탄했다. 그러므로 흥경 이동의 수천 리가 조공하는 것을 막고, 결과적으로 청의 흥기까지 불러일으켰으며, 소손녕이 내침했을 때나 명 태조가 철령위鐵嶺衛를 세우려 할 때, 서희와 박의중 등의 사리 정연한 대답이 없었다면 변경은 더 줄어들었을 것이라는 역사적 사실을 밝혔다. 이런 연유로 예부터 동북이 용병의 중심이 되었기 때문에 이 동북의 국경과 방비문제에 늘 관심을 집중해야 한다고 결론지었다.

　왜국지계설에서는 일본의 지형과 사정을 설명하고 일본은 한 번도 외국의 침략을 받지 않았음을 말했다. 그리고는 우리나라가 바다를 넘어가 정벌하기는 불가능하지만 명분은 밝혀두어야 한다고 했다. 그러기 위해서 관백關白(일본 막부의 수령)에게 군신의 대의를 석명하면 그 나라가 흉흉할 것이요, 그러면 규슈나 그 나라 각지에 격서를 보내 그 죄를 토벌하고 명분을 바로 하라고 했다.

　이처럼 국경문제와 일본에 대한 명분론 역시 안정복의 민족주의사관의 발로임을 알 수 있다. 또한 중국과의 관계를 어디까지나 대등하게 다루려 한 점을 볼 수 있으며, 만주 일대의 야인이 우리의 종속민임을 주장한 것도 주목할 만하다. 그리고 일본은 우리의 영향권 안에서 우리의 문물을 받아들였음을 들어 군신의 관계라는 명분을 내세우고 있다.

　그가 벼슬을 지낸 것은 하나의 실험정신에서 나온 것이지 목

적이 아니었다. 이에 비해 역사학자로서의 안정복은 평생의 사
업이었고 인생의 목적이었다. 이러한 역사정신은 오늘날의 관점
에서 보면 많은 한계를 지니고 있긴 하나 뒤에 민족사학자 단재
신채호와 백암 박은식에게 전해졌다.

　다른 한편으로는 현실 역사적으로 보면 삼한정통론이 중대한
영향을 끼쳤다. 고종은 왕국제도를 황제제도로 바꾸면서 국명을
두고 근신들과 논의를 거듭했다. 그 결과 국명을 '한'이 유래가
길다고 해 대한大韓으로 결정했다. 이때의 '한'은 바로 삼한정통
론에 비롯된 것이다. 임시정부는 대한제국의 정통을 이어서 대
한민국이라 했고 해방 뒤 이 정통을 이은 대한민국이 탄생한 것
이다. 그 근원이 바로 이익과 안정복의 역사이론에서 나왔다는
사실을 알아둘 필요가 있다.

홍대용
실학전성기의 독보적인 과학자

지전설을 주장하다

박지원은 홍대용의 빈소 앞에서 술이 곤드레가 되어 있었다. 통곡하다가도 술 사발을 당겨 마셔대곤 했다. 이런 그에게 상주는 망인의 묘지명을 써달라는 부탁을 했다. 그는 붓을 들어 써갈겨댔다.

아, 슬프다. 덕보德保(홍대용의 자)는 툭 트이고 민첩하며 겸손하고 아담하며 식견이 원대하고 사물의 이해가 정밀하며…… 일찍이 지구가 한 번 돌면 하루가 된다고 해 그의 학설이 오묘하고 깊었다.……

이렇게 담헌湛軒 홍대용洪大容(1731~83)의 행적을 써내려갔는데, 이 글이 바로 '홍덕보묘지명洪德保墓誌銘'이라는 글로 천하의 명문으로 꼽힌다. 평소의 지기에 대한 행적을 썼으니 심정에서 우러나온 글이 되었으리라. 박지원은 묘지명의 격식을 무시하고 에세이 쓰듯 자유분방하게 표현했다.

그런데 이 글에서 박지원이 가장 칭찬을 아끼지 않은 것은 홍대용의 과학사상이요, 그 중에서도 지구의 자전설이다. 홍대용이 주장한 '지전설'을 익히 알고 있었던 박지원이 그 설의 심오함을 강조한 것이다.

홍대용은 청주 출신이다. 그러나 아버지 홍역이 나주목사로 오래 근무한 관계로 어린 시절은 대부분 나주 근방에서 보냈다. 나주 근방의 동복에는 천문학자인 나경진羅景鎭이 살고 있었다. 그는 나경진을 찾아가 그 집에 만들어둔 천문기구인 혼천의渾天儀와 자명시계인 후종候鐘을 보았다.

매일 그 집에 가서 이 기구들의 원리는 물론 만드는 법과 사용법을 배웠다. 이 기구를 얻기도 하고 만들기도 하며 골몰히 천문학에 심취했다. 그리고 청주의 본가에 사설 천문대인 농천각籠天閣을 짓고 이것들을 보관했다. 그는 천문 관련의 서적을 여러 권 검토하고 이 기구를 이용해 천체를 관찰했다.

그가 여러 전적을 참고해 스스로 얻어낸 결론은 지구가 자전한다는 것이다. 이 설은 실로 그의 오랜 탐구와 관찰에서 나왔다. 그는 지구의 둘레는 9만 리인데 하루 12시간 동안 한 번 돈다고 했다. 여기서 주목할 것은 무엇보다 지구가 돌고 있다는 주장이다. 그보다 앞서 이익 등이 이것을 주장한 적이 있는데 그가 이를 알고 있었는지는 확인되지 않는다.

1765년 그는 작은아버지 홍억이 동지사冬至使의 서장관書狀官(실무 책임자)으로 갈 적에 자청해 자재군관이라는 무관의 직책으로 따라갔다. 그의 오랜 숙원이 이루어진 것이다. 그는 북경에서 청나라의 과학자들을 만나 지구의 자전설을 설명했다. 그러자 그들은 그 이론을 듣고 감탄해 마지않았다. 이리하여 홍대용의 '지전설'은 중국에까지 알려졌다.

하지만 당시 북경에는 코페르니쿠스의 태양중심설이 많이 알려져 있었으나 많은 사람들은 믿으려 하지 않았다. 그런데 홍대용이 북경에 와보지도 않고 지전설을 주장했으니 놀라운 일이었을 것이다.

더욱이 당시 조선에는 박지원 같은 지기들이나 귀를 기울이고 알아주었을 뿐 조정 대신들은 관심조차 두지 않았다. "지구가 돌면 어쨌다는 거냐"라거나 "천원지방天圓地方(하늘은 둥글고 땅은 모나다는 설)은 만고의 진리인데 한낱 괴담을 늘어놓는다"고 나무라면서 욕질만 했을 뿐이다. 진리를 찾는 자는 예나 지금이나 외로운 법이다. 그러나 홍대용은 이런 세론에 아랑곳하지 않고 과학탐구에 생애를 바쳤다.

북경에서 그는 유리창(과학기재나 고서적·골동품 등을 파는 가게들이 모여 있는 곳)에 들러 열심히 새로운 기구들을 관찰했다. 그가 이곳에 많은 흥미를 느끼며 관찰에 열중하자, 중국의 지식인들인 엄성嚴誠과 반정균潘庭筠 같은 인사들의 관심을 끌었다. 그리하여

홍대용 초상 홍대용이 1766년 중국 북경에 60여 일
간 머물 때 사귄 중국인 엄성이 그린 초상화

이들은 서로 자연스레 어울려 필담을 주고받았고, 유리창 옆 전
당에 있는 엄성의 집으로 몰려가 밤새는 줄 모르며 학문과 문학
에 관한 이야기를 나누었다. 적어도 홍대용이 북경에 머문 3개
월 동안, 이들은 거의 하루도 빠짐없이 만났던 것으로 보인다.
홍대용이 이들에게 작별인사를 나눌 적에는 어찌나 서로 정이
들었는지 얼싸안고 눈물을 흘렸다고 한다.

그리고 독일계 선교사인 할러슈타인(중국명 유송령劉松齡)을 만났
다. 할러슈타인은 당시 청나라의 천문대인 흠천감정欽天監正으로
초빙되어 있었다. 이들은 필담으로 많은 질문과 토론을 벌였다.
이 만남은 홍대용의 천문학 지식은 물론 서양의 과학을 접하는

계기가 되었다.

훗날 박지원이 사신의 수행원으로 북경에 갈 적에 홍대용은 박지원에게 이들을 소개하는 편지를 써주었다. 이렇게 서로 친구들을 소개한 탓으로 이들 사이에는 국경을 뛰어넘는 우정이 이루어졌다. 엄성이 먼저 죽자 그의 친구 반정균은 조선에 있는 홍대용에게 부고를 했다. 홍대용이 죽자 박지원은 반정균에게 부고를 했다. 죽은 뒤에도 이렇게 나라를 넘나드는 우정은 끊어질 줄 몰랐다.

그러면 이들의 우정은 어찌하여 이토록 돈독했던가? 바로 시대의 모순을 서로 겪으면서 개혁의지에 불타고 있던 지사들이었기 때문이다. 이들 모두 높은 뜻을 가지고 있으면서 낙백한 삶을 살고 있었다.

먹고살기 위해 벼슬길에 나서다

고국에 돌아온 홍대용은 3년 동안 중병을 앓아 드러누웠다. 병이 나아지자 북경에서 사온 서양 천문과학책 『천학초함天學初函』 독파에 열중했고 중국의 벗들과 교환한 의견을 엮어 『연기燕記』라는 책을 지었다. 그리고 이들이 만나게 된 전말을 적은 『회우록會友錄』을 기록해 책으로 묶자, 박지원이 서문을 써서 이들의 사귐을 기렸다. 홍대용은 북경에서 배운 과학기술 지식을 탑골 박지원의 사랑채에 모인 젊은 엘리트들, 곧 이덕무, 박제가,

이서구, 유득공 등에게 일러주었다. 이들은 이구동성으로 과학기술을 중심으로 해 조선의 발전을 기약해야 한다고 역설했다. 그리하여 북학파의 모임이 저절로 이루어지게 되었다.

이후 그는 청주 수동에 내려가 기하학의 원리를 적은『주해수용籌解需用』을 완성했고 현실개혁방안을 담은『임하경륜林下經綸』을 저술하기도 했다. 이즈음 그의 과학사상은 자득에서 한걸음 나아가 새로운 지식을 토대로 이론을 체계화시키는 원숙한 단계로 접어들고 있었다.

하지만 그의 처지는 남루하기 이를 데 없었다. 홍대용은 문벌을 자랑하는 집안에서 태어났다. 한때 부모의 권유로 몇 번 과거를 보았으나 번번이 낙방했다. 도통 과거공부에는 뜻이 없었고 과학에 관한 서적만을 읽고 있었기 때문이다. 그래서 생업을 제대로 갖지 않아 무척이나 가난했다. 어머니는 일흔이 되었는데 조석 끼니조차 제대로 봉양하지 못할 처지였다.

그는 아버지가 목사를 지내고 할아버지 홍용조가 대사간을 지낸 후광에 힘입어 음직蔭職(높은 벼슬아치의 자손에게 과거를 거치지 않고 내리는 벼슬자리)으로 하찮은 선공감 감역繕工監監役을 얻었고 이 무렵 동궁을 가르치는 시직侍直이라는 벼슬이 내려지자 이를 받아들였다. 이때의 심경을 뒷날 "어머니를 봉양하기 위해 어쩔 수 없었다"고 토로했다. 그는 이어 태인현감과 영천군수 같은 고을 원이 되어 일선행정을 몸소 시행해보았다. 그는 현실의 경험을 통해 이렇게 쓰고 있다.

우리나라는 본래 명분을 중히 여기어 양반붙이는 빌어먹게 되어
도 팔짱끼고 편안히 앉아서 보습조차 잡지 아니하며, 더러 실實에
힘써 부지런히 일하거나 비천한 일 따위를 달게 하는 자가 있으면
여러 사람이 모두 비웃고 천대해 종처럼 본다. 이 까닭에 놀고먹는
자가 많고 생산하는 자는 적다. 마땅히 법을 엄하게 세워 사민에 속
하지 않고 놀며 입고 놀며 먹는 자는 관에서 형벌로 다스려야 하며
재주 있고 학문이 있으면 농사꾼이나 장사치의 자식이 벼슬자리에
앉아도 참람함이 없고, 재주 없고 학문이 없으면 높은 벼슬아치의
자식을 하인으로 돌리더라도 한으로 여기지 않아야 한다.……

『임하경륜』

　이러한 견해를 가진 그는 고을 원 노릇을 하면서 실천에 옮겨
보려 했지만 일개 지방관의 힘만으로는 어림없는 일이었다. 그
는 현실에 부딪치면서 실망만을 거듭했다. 한때 그가 가르치던
정조가 왕위에 올랐을 때 권신 홍국영의 발호도 목격했다. 그는
어머니의 병을 핑계로 벼슬살이에서 물러나왔다. 10여 년 남짓
외도를 한 셈이다.

　홍대용은 새로운 마음으로 고향 청주로 돌아와 못다 한 과학
기술의 저술에 몰두하고자 결심했다. 그리고 현실개혁에 대한
방안도 정리했다. 그의 개혁책은 여러 방면에 걸쳐 있으나 여기
서는 대표적인 한 가지만을 살펴보자. 그는 토지의 고른 분배를
위해 균전법均田法을 주장했다. 기혼 남자에게 각각 토지 2결을
주고 농사를 짓게 하되 팔지 못하게 해야 한다는 것이다.

그에게는 할 일이 많았으나 하늘은 그에게 수명을 더 주지 않았다. 벼슬살이에서 물러난 지 1년도 못 되어 갑자기 중풍으로 쓰러졌다. 이어 유언 한 마디 없이 세상을 떠났다.

과학기술사에 남긴 찬란한 발자취

그의 죽음을 들은 박지원이 한걸음에 청주로 달려왔다. 홍대용과 박지원은 역사에서 북학파를 이끈 인물로 꼽는다. 그들은 현실개혁의지는 같았지만 추구한 방법은 달랐다. 박지원은 문학과 상업의 장려로, 홍대용은 과학기술의 보급으로 그들의 뜻을 펴려 했다. 이 점에 있어서 홍대용은 특이한 존재였다.

전통적인 우리의 과학기술은 중세에는 뛰어난 면이 많았지만 공리공담에 빠진 유학자들은 과학사상을 늘 천시해 발전하지 못했다. 이에 홍대용은 철저하게 이를 추구해 우리나라 과학기술사에 찬란한 빛을 던져주었다. 특히 그의 기하학은 지극히 실용적인 것으로 토지 측량에 적절히 이용될 수 있는 이론이다. 그가 심혈을 기울여 완성한 『주해수용』이 현실에 적용되지 못한 것은 참으로 안타까운 일이다.

그의 사상은 바로 후배들 곧 박제가와 이덕무 등에게 전해졌다. 그리하여 후배들 손에 의해 더욱 빛을 발했고 후기에 와서는 개화사상에도 커다란 영향을 끼쳤다. 오늘날 그의 저술을 모은 『담헌서湛軒書』는 척박한 수준에 머물렀던 과학을 역사의 소중한 유산이 되도록 해주었다.

그가 태어난 곳은 오늘날 천안시 수신면에 속한다. 천안시에서는 2007년부터 테마과학공원을 조성하고 그 안에 천문관을 세울 계획이다. 이것이 완성되는 날, 홍대용의 숨결을 다시 느낄 수 있으리라.

이긍익
한국 야사연구의 선구자

실학계열의 학자들은 대부분 집권층에서 밀려난 남인이었지만, 연려실燃藜室 이긍익李肯翊(1736~1806)은 그 중에서도 특이한 존재이다. 그는 실학파의 어느 계열에도 속하지 않았고, 집권층인 노론으로부터 가장 심하게 매도당한 소론에 속했다. 이긍익의 생애와 사상적 배경을 알아보기 위해서는 먼저 그의 가정환경을 알아보는 것이 좋겠다.

종조부는 이진유, 할아버지는 이진검, 아버지는 이광사인데, 이 세 사람은 그의 생애에 있어서 가장 많은 영향을 끼친 인물이다. 또한 이 세 사람의 비극적 생애는 바로 그의 비극적 생애와 직결되었다.

서인이 노론·소론으로 갈라지기 시작한 단초는 숙종 연간에 남인을 정계에서 몰아낼 때 강경파와 온건파로 대립하면서부터였다. 남인의 처벌에 강경론을 편 것이 노론이요, 온건론을 편 것은 소론이었다. 이 두 당색은 그 뒤 여러 문제를 놓고 치열한 싸움을 벌였고 끊임없이 대립했다. 숙종이 승하하자 소론은 경종을 업고 나왔고, 노론은 세제世弟(뒤의 영조)를 옹호하고 나섰다. 경종이 재위 4년 만에 승하하고 영조가 즉위하자, 노론은 신임환국辛壬換局(소론이 노론을 몰아 죽인 사건)의 원수를 갚고 정권을 다지기 위해 소론을 일대 숙청했다.

종조부 이진유는 소론의 대표로 숙종 말기와 경종 연간에 걸쳐 활약했다. 당시 이진유는 이조판서의 몸으로, 경종이 승하한 사실을 청나라에 보고하기 위해 고부부사告訃副使로 청나라에 다녀온 뒤, 노론정권에 의해 6년쯤 문초를 받다가 옥사했다. 이진유의 죽음으로 그의 일가는 몰락하기 시작했고 패가의 그림자가 짙어졌다. 할아버지 이진검은 대사헌, 예조판서 등을 지냈는데, 결국 이진유와 정치적 행동을 같이했다. 아버지 이광사는 이들의 실세失勢와 옥사에 연루되어 근신하는 몸이 되어 벼슬에의 꿈을 버리지 않을 수 없었다. 이들은 소론 중에서도 강경파인 준소峻少계열로 꼽힌다.

이광사는 양명학에 몰두하면서 주자학을 철두철미 섭취한 노론의 거두 송시열에게 은근히 학문적으로 반기를 들었고 글씨공부로 나날을 보냈다. 그가 쉰 살이 되던 해인 1755년, 노론들은 그를 기어코 학문에만 몰두하게 가만히 내버려두지 않았다. 노

론들은 나주벽서 사건을 빙자해 무력한 준소의 잔여세력을 숙청
했고, 이광사도 여기에 연좌되어 회령으로 유배되었다. 벽서사
건이란 나주 객관客館의 벽에 인심을 선동하는 괴문이 나붙었는
데, 이것이 소론 윤취상의 아들인 윤지의 짓이고 소론이 반역을
꾀한 것이라 해 소론 일파인 윤광철 등을 주살시키고, 조태구·
이진유 등도 관작을 추탈追奪(죽은 뒤 벼슬을 빼앗는 일)당한 일대 참
사가 벌어진 사건을 말한다.

이광사는 머나먼 변경지대인 회령으로 책을 싸들고 귀양 갔다
가 진도 옆 신지도로 유배지가 옮겨졌고 그곳에서 일생을 마쳤
다. 이광사는 이진유의 종질이라는 이유로 관계에는 발 한 번 붙
여보지 못한 채 울분에 찬 서러운 생애를 마쳐야 했다. 이런 집
안에서 태어난 이긍익은 어릴 때부터 아버지에게서 수학했다.
그는 열다섯 살을 전후해 뛰어난 기억력과 통찰력으로 경서는
물론 제자백가에 통달했고 양명학의 이론에 심취했다. 그는 아
버지의 불행을 지켜보면서 결코 벼슬길에 나가지 않을 것을 결
심하는 한편 피비린내 나는 정계의 현실에 울분을 금하지 못했
다. 그는 실사구시의 학문에 많은 관심을 가지고 주시하고 있었
다. 가난한 살림이지만 그는 잠시도 학문을 게을리하지 않았으
며 선배·동료들과 곧잘 담론을 벌였다.

이긍익은 스무 살을 전후해서는 자기 나름의 인생관을 확립했
고 현실을 조용히 바라보는 인내력도 길렀다. 그러나 20대에 들
어선 그는 커다란 두 가지 사건에 부딪히게 되었다. 하나는 아버
지가 벽서사건에 연루된 것이다.

이광사는 실로 벽서사건과는 아무 관계도 없었다. 단지 노론에 대한 울분을 달래며 학문에만 전념하고 있었다. 그런데 벽서사건의 주동인물이라는 윤광철과 교분이 두터웠고, 그리고 이진유의 조카라는 이유만으로 유배된 것이다. 『영조실록』에는 이때의 사정을 뒷받침해주는 기록이 보인다.

죄인 이광사는 적유賊儒(이진유가 역적이라는 뜻의 표현)의 조카로서 적들의 부름에 여러 번 나갔었습니다. 또 윤광철과는 더욱 친밀한 사이라는 사실이 윤광철 일기에 기재되어 있습니다. 청하옵건대 죄인 광사를 엄히 국문하소서.……

『영조실록』31년 4월조

광사는 역유逆儒의 조카요, 광철의 일기에 광철과 친분이 두텁다고 했은즉, 연좌율緣坐律로만 처결하시는 것은 불가합니다.…… 근래 의론이 갑자기 너그러워졌는데 더욱 엄히 심문해 법을 바로잡아야 합니다.…… 청하옵건대 깊이 심문해 형벌을 주소서.……

『영조실록』31년 4월조

이 두 기록으로 볼 때, 이광사의 유배는 당쟁의 보복에서 나온 것임을 알 수 있다.

20대의 이긍익은 노론에 대한 적개심을 금할 수 없었으며, 음모의 손길이 자기에게도 가까이 뻗치고 있음을 느꼈다. 그는 행장을 꾸려 아버지의 배소인 회령으로 갔다. 무력한 자신을 달래며 더욱 학문 연구에 정열을 쏟았다. 회령의 배소에는 전국 각지에서 문객들이 이광사의 문명文名을 듣고 몰려들었다. 이긍익은 심기일전해 문객과 학문을 토론하고 아버지에게서 배운 학문 세계를 광범위하게 넓혀나갔다.

그는 그곳에서 7년의 세월을 보내면서 영조가 편 탕평책의 혜택을 입지 않고도 현실에 대한 긍정적인 태도를 지닐 수 있었고, 노론에 대한 적개심도 누그러뜨릴 수 있었다.

그러나 그를 또 한 번 격동시킨 새로운 사태가 벌어졌으니, 아버지의 문하에 경향 인사들의 출입이 많음을 트집 잡아 신지도로 배소를 옮긴 것이다. 『영조실록』에는 다음과 같이 기록되어 있다.

사헌부에서 다음과 같이 아뢰었다. "근래 들으니, 광사가 먼 변방에 있는 틈을 타서 지방민들을 많이 모아놓고 글과 글씨를 가르친다고 하면서 풍속을 어지럽히고 있는데, 어찌 서로 선동하는 근심이 없겠습니까? 청하옵건대 죄인 광사를 회령부에 안치해두었다가 절도絶島로 배소를 옮기도록 하소서. 또 그곳의 사민들에게 흉얼凶孽들과는 서로 왕래하지 못하도록 효유曉諭하소서. 그리고 그들 중 친밀한 자는 적발해 죄를 다스려 후일의 폐단을 막으소서.……"

『영조실록』 38년 8월조

광사를 절도로 보내는 것은 깊은 생각에서 나온 것입니다.……
광사를 진도에 이배하는 것은 비록 섬이라고 하지만 좋은 곳으로 일컬어지고 또 관부도 있는 곳이니, 이런 죄인을 그곳으로 옮기는 것은 옳지 못합니다. 청하옵건대 죄인 광사를 먼 작은 섬으로 보내어 다른 사람과 서로 왕래하는 것을 끊게 하소서.……

『영조실록』 38년 8월조

이 밖에도 이광사에 대한 모략은 끊임이 없었다. 모역의 마음을 먹고 있다든가, 안부편지 속에도 원망을 표현하고 있다든가 하는 따위의 것이었다.

모든 것을 잊고 학문에 정진하라

이긍익은 아버지나 자기에게 닥쳐오는 신변의 위험을 겪으면서 적개심이 더욱 끓어올랐다. 아들의 이런 심경을 짚어본 이광사는 '연려실'이라는 세 글자를 써서 아들에게 주면서 벽에다 붙이라고 했다. 이 석 자는 한나라의 유향劉向이 옛 글을 교정할 적에 태일선인太一仙人이 청려장靑藜杖에 불을 붙여 밝혀주었다는 고사에서 유래된 것이다. 모든 것을 잊고 더욱 학문에 정진하라는 암시였다. 이긍익은 아버지의 권고를 따르면서도 노론에 대한 골수에 사무친 원망을 버리지 못했다. 그래서 친지와 벗들에게 노론을 성토하고 자신의 무능을 늘 한탄했다.

1777년에 아버지는 신지도의 유배지에서 세상을 떠났다. 무려 23년 간의 유배생활을 마감하고 죽은 것이다. 이긍익에게는 아버지의 별세가 새로운 삶의 전개를 가져왔다. 곧 이긍익은 생애의 제3기를 맞이한 셈이다. 제1기는 부친이 유배를 떠나기 전 열 살 때까지요, 그때부터 부친이 유배지에서 세상을 떠날 때까지를 제2기로 볼 수 있다. 유일한 스승이기도 했던 아버지가 세상을 떠나자 이긍익은 새로운 자기 세계를 개척할 의도를 품었다. 그래서 실학파의 이론과 광범위한 사회문제에 관심을 쏟았다.

1777년을 전후해서는 실학파들이 구체성을 띤 이론들을 내놓고 있었다. 그리고 영조가 승하하고 정조가 즉위해 문치정책을 펴면서 이들 실학파의 말에 귀를 기울이고 있었다. 이런 사조의 흐름을 보면서 이긍익은 자신의 불우한 처지와 정계의 현실을 재삼 생각해보고, 아직도 여러 모순이 불식되지 않고 있음을 간파하고 새로운 현실탐구를 모색했다. 그는 우리의 역사를 일대 정리해야겠다는 결심을 굳혔다. 이것은 종래의 역사가 특정 파벌 위주로 기술되고, 저자 개인의 기호에 치중되어 후인으로 하여금 정확한 판단을 흐리게 하고 있음을 안타까워했기 때문이다.

그는 방대한 역사의 편찬 작업에 나섰다. 이긍익은 밤과 낮, 서울과 지방을 가리지 않고 자료 섭렵과 발췌에 나섰다. 1777년에 시작해 4백여 종의 정사와 야사를 섭렵하고, 빼고 더하고 깎고 다듬어 그가 죽을 때까지 30여 년 동안 도합 34권의 기사본말체記事本末體로 된 『연려실기술燃藜室記述』을 완성했다.

쉰여섯 살 때 책의 첫 단계가 완성되어 세상에 유포되었다. 그는 어느 누구의 도움도 없이 스스로 책을 완성했다. 당시 그는 안질을 앓아 눈이 어둡고 정신이 흐려져서 보완·개수에 많은 애로를 겪고 있었다. 외로운 그에게는 도움을 줄 친구도 없었고, 글씨를 대신 써줄 사람도 없었으므로 미완성인 채 끝마칠까 심려를 더했다.

그는 이 해에 금강산 유람을 떠났다. 노구를 이끌고 모처럼 한가한 마음으로 금강산을 돌아보려 했지만, 미완성인 『연려실기술』 때문에 곧 돌아왔다. 그는 금강산으로 떠나기 전에 미완성 책을 누군가에게 빌려주고 갔었는데, 이것이 어느 재상의 손에 들어가 수십 명의 필생을 시켜 여러 벌을 베낀 것을 알고는 더욱 심혈을 기울여 완성 작업에 착수했다.

사심 없는 공정한 필치로 역사를 기록하다

30여 년 동안 심혈을 기울여 저작한 『연려실기술』은 한국 야사를 총정리한 성과를 이룩했다. 이 책의 편찬 태도와 전말은 「연려실기술 의례義例」에 상세히 기록되어 있다. 그 의례를 요약하면 다음과 같다.

첫째, 우리 동방의 야사는 큰 질帙로 엮인 것이 많다. 『대동야승 大東野乘』 같은 것은 여러 사람들이 지은 책을 모았기 때문에 산만해 계통이 없고 중복된 것이 많아 열람·상고하기가 어렵다. 『춘파 일월록春坡日月錄』 같은 것은 편년체編年體로 썼는데 자료 수집을 다 하지 않고 서둘러 책을 냈으므로, 상세한 데는 지나치게 상세하고

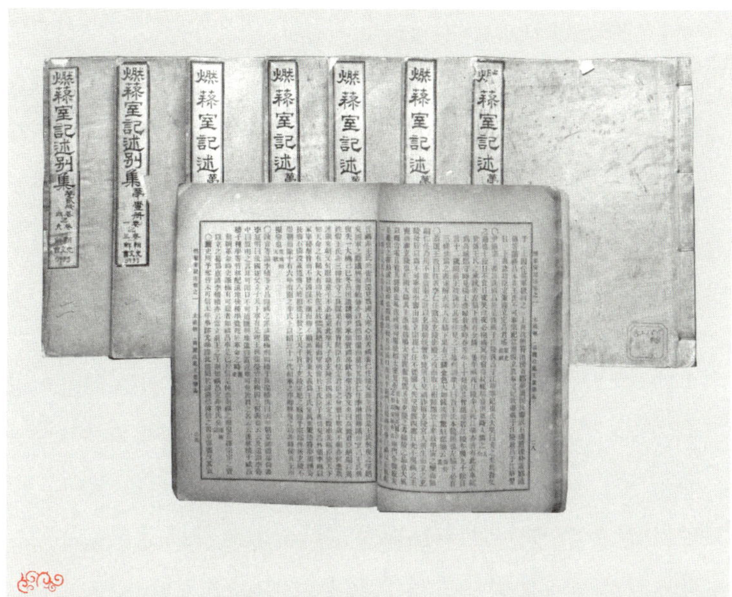

소홀한 데는 너무 소홀해 조리가 서지 않았다. 『청야만집靑野謾輯』은 사실에는 상세하지 아니하고 다른 문집에 있는 인물에 관한 논평을 많이 실어 그 끝만 추키고 근본을 빠뜨린 것이 많았다.

지금 내가 편찬한 『연려실기술』은 널리 여러 야사를 채택해 모아, 대략 기사본말체를 좇아서 자료를 얻는 대로 분류·기록해 다음에 계속 보태 넣기에 편리하도록 했다. 자료를 얻어 보지 못해 미처 기록에 넣지 못한 것은 후일 보는 이가 자료를 얻는 대로 보충해 완전한 글이 되도록 하면 좋겠다.

둘째, 각 조목마다 인용한 책 이름을 밝혔으며, 말을 깎아 줄인 것은 많았으나 내 의견을 붙여 논평하지는 않았다. 또 "술述하기만 하고 작作하지 않는다"는 공자의 뜻을 따랐다. 동서 당파가 나눠진 뒤로 이편저편의 기록에 헐뜯는 것과 칭찬하는 것이 서로 반대가 되어 있는데, 편찬한 이들은 한편에만 치우친 점이 많았다. 나는 모두 사실 그대로 수록해 뒤의 독자들이 시비를 판단할 수 있도록 했다.

셋째, 직접 귀로 듣고 눈으로 볼 수 있는 같은 시대의 사실임에도, 듣고 본 것이 서로 달라서 어느 것은 넣고 어느 것은 빼기 어렵다. 더구나 오랜 세월이 지난 뒤에 전해들은 것은 그릇되기가 오죽 쉽겠는가? 다만 본 대로 들은 대로 기재해 넣은 것이요, 감히 사견으로 싣고 뺀 것은 아니니, 대개 널리 수집해 후세에 완전한 글을 저술할 사람에게 고증의 자료를 제공하려는 것이다. 견문이 넓지 못해 빠뜨린 것이 많음이 한스럽다.

넷째, 처음 이 책을 만들 때 친구들이 남에게 보이지 말라고 더러 말했다. 나는 이렇게 말했다. "남이 알지 못하기를 바란다면 만들지 않는 것이 옳고, 만든 뒤에 남이 알까 두려워한다면 도道를 좋아하는 것이 아니다. 근세에 유행하는 야사에 이 책과 같은 것이 적지 않으나 사람들이 잘못이라 하지 않는데, 어찌 이 책만이 남의 말썽에 오를 것인가? 이 책은 온 세상에 알려져 사람들의 귀나 눈에 익은 이야기들을 모아 분류대로 편집한 것이요, 하나도 내 개인 견해를 논평한 것은 없다. 그런데도 만일 숨기고 전하지 않는다면 남들이 이 책을 눈으로 보지도 못하고 귀로만 듣고서 도리어 새로운 말이 있는가 의심할 것이다. 그렇다면 오히려 위태롭고 두려운 일이 아니겠는가?" 드디어 완성을 기다리지 않고 사람들이 보기를 요구하면 보여주고, 빌리기를 요구하면 빌려주었다.

이처럼 이긍익의 편찬 태도는 어디까지나 당당하고, 어떤 사견이나 당색에 얽매이지 않았다. 적어도 그는 실증적이고 객관적 입장에서 야사의 중요성을 깊이 알고, 여러 역사가들이 저질러 놓은 역사 기술의 과오를 시정하고 나섰다.

하지만 이 책의 내용이 완벽한 것은 아니다. 야사이다 보니 정확성이 떨어지고 사실과 어긋나는 부분이 많이 개재되어 있다. 오늘날 조선왕조실록이 영인 간행되고 번역까지 되어 널리 이용되고 있다. 특정 사실이 조선왕조실록의 기재 내용과 어긋나는 경우가 많다는 것이다. 이것은 그의 탓만이 아니다. 다른 야사의 개재 내용이 정확하지 못한 탓일 것이다.

그에게는 다른 저서들도 있다고 전해지고 있으나, 오늘날 전하는 것은 『연려실기술』뿐이다. 그는 유배지에서 그의 저술들을 대부분 유실했으며, 이곳저곳 전전하다 보니 제대로 보관을 할 수 없었던 것이다.

앞에서도 지적한 대로 그는 실학파 중에서도 특이한 존재였다. 그는 부친 이광사 외에는 어느 누구에게서도 사사하지 않았고, 실학자들의 이론을 들어 알면서도 직접 친밀한 교유는 가지지 않았다. 그는 불우한 생활 속에서 고독을 익혔고, 그 고독을 내면으로 침잠시키면서 학문에만 정열을 쏟았다. 이런 고독은 그에게 깊은 사려를 갖게 해주었다. 노론에 대해 해묵은 감정을 갖고 있으면서도 그 감정을 책을 기술하는 데 표출시키지 않은 것이다. 이긍익은 『연려실기술』 하나만으로도 실학파의 중요한 위치를 차지하고 있다.

위백규
신분차별 없는 균등한 교육기회를 주장한 선비

존재存齋 위백규魏伯珪(1727~98)는 궁벽한 시골에 묻혀 살면서 외롭게 현실개혁의 이론을 낸 실학자이다. 그는 자신의 출신배경을 삼벽三僻이라고 말했는데, 이것은 그의 형편없는 처지를 털어놓은 것이다. 삼벽이란 다음과 같다.

첫째는 지벽地僻이다. 그는 전라도 장흥군 관산면 방촌리에서 태어났는데, 이곳은 바다를 접한 최남단이다. 그는 이곳 계항산 아래에 살았다. 호남 사람에게는 벼슬을 잘 내려주지 않고 푸대접했던 당시의 사정을 생각해보면, 호남의 시골에서 태어나 평생을 묻혀 살았으니 '지벽'이라 할 만하다.

둘째는 인벽人僻이다. 궁벽한 고을에 살다 보니 글 가르쳐줄 스승조차 제대로 만날 수 없고 학문이 깊거나 세상의 일을 잘 아는 사람들과도 어울릴 수 없었다. 그래서 외롭게 책을 구해 읽어보고 혼자 생각하고 터득하는 수밖에 없었다.

셋째는 성벽姓僻이다. 이는 위씨가 희귀한 성이라는 말이 아니라, 위씨가 비록 벼슬할 수 있는 조건이 되더라도 조선조에 들어와서는 벼슬다운 벼슬을 얻을 수 없었던 처지를 말한 것이다. 그러니 시쳇말로 그에게 배경이 될 만한 줄이라고는 아무것도 없었음을 뜻한다.

그의 가정에서는 그에게 벼슬살이를 원했다. 총명한 그를 벼슬길에 내보내 위씨 문중을 빛내보려 한 것이다. 그는 작은할아버지 위세린에게서 글을 배웠다. 그런 뒤 여러 차례 과거를 보았지만 번번이 낙방을 맛보았다. 그 역시 다른 많은 실학자와 마찬가지로 가난할 수밖에 없었다. 적어도 스무 살쯤 되어서는 향리의 사람들에게 열심히 글을 가르쳤다. 한낮에 농사일을 하다가 잠시 쉬는 농군들을 동네 정자나무 아래에 모아놓고 글을 가르치면서 사람의 도리를 깨우쳤다. 그의 이런 열성은 처음에는 외면을 당했지만 차츰 이웃 고을에까지 소문이 나 명망 있는 선비로 우러름을 받았다.

일흔에 벼슬에 오르다

그는 과거공부를 게을리 하지 않았다. 그러나 줄과 돈으로 이루어지는 과거에 합격할 수 없었다. 계속 낙방을 하면서도 연달아 과거에 응시해 마침내 서른아홉 살에 생원시에 합격했다. 위씨 문중으로서는 이것만도 큰 영광이었다. 그러나 실제의 벼슬은 내려지지 않고 합격자 명단에만 올랐을 뿐이었다. 위백규는 이제 '위 생원'이 된 것이다.

어느 날 그는 큰 스승을 찾아 길을 떠났다. 그리고 멀리 충청도 덕산에서 많은 제자를 기르고 있던 윤봉구尹鳳九를 찾아갔다. 그때 위백규의 나이 스물다섯 살이었다. 패기만 넘치고 물정을 모르는 시골 선비 위백규에게 하나의 전기가 마련된 셈이다. 윤봉구는 그의 뛰어난 재주와 학문에 대한 열정을 보고 자세하고도 친절하게 가르침을 주었다.

그는 윤봉구의 문하를 출입하면서 많은 책을 구해 읽을 수 있었다. 당시 『주자전서朱子全書』 같은 방대한 책을 구하려면 논 몇 마지기를 팔아야 했다. 그런데 그는 윤봉구를 통해 이 책을 구해 볼 수 있었다. 그의 학문은 그야말로 일취월장으로 뻗어갔다. 그는 몇백 리나 되는 거리를 17년 동안 한 해도 빼놓지 않고 스승을 찾아 보았다. 이 발걸음은 윤봉구를 만난 시기부터 그가 죽을 때까지 계속되었다. 한편으로는 장흥의 천관산 아래 장천재長川齋를 짓고 그곳에서 글을 익히기도 하고 가르치기도 했다. 스승이 죽자 향촌의 교화와 지역의 발전을 위해 일생을 바칠 것을 결심하고, 때로는 농사를 짓고 때로는 글을 가르치며 나날을 보냈다.

그런데 그가 학자로서 일생을 마치려던 결심에 금이 가는 일이 일어났다. 1794년 남해 일대에는 태풍이 몰아쳐 어민과 농민

장천재 장천이란 이름은 천관산에서 길게 계곡물이 이어져 흐른다고 하여 지어졌다고 한다. 전남 장흥군 소재

들이 큰 피해를 입었다. 이에 조정에서는 위유사慰諭使로 서영보를 보냈다. 정조의 신임을 두텁게 받고 있던 서영보는 장흥에 와서 명망 있는 선비 위백규의 글들을 읽어보고 놀라 마지않았다. 그는 위백규의 신실한 행동과 향촌에서의 교화활동을 듣고 조정에 돌아가 위백규를 정조에게 추천했다.

정조는 위백규의 개혁사상이 담긴 글들을 읽어보고 놀라워했다. 궁벽한 시골에 이런 기골 찬 선비가 있다니. 정조는 특히 그가 세계 인문지리를 엮은 『환영지寰瀛誌』를 보고 더욱 신기해 마지않았다. 정조는 그의 글을 규장각에 보관하도록 했고 위백규에게 낮은 벼슬을 내려주었다. 그의 나이 예순아홉. 이 벼슬을 거절하자 정조는 계속 더 높은 자리를 주면서 나랏일을 도우라고 엄명했다. 이에 위백규는 조정에 나와 조정의 여러 정책을 논한 「만언봉사萬言封事」를 올렸다.

「만언봉사」는 나라의 기강과 선비들의 나쁜 풍습을 바로잡고 부정부패를 없애고 사치를 금해야 한다는 등의 폐정을 지적한 것이다. 특히 성균관의 유생들을 가리켜 이렇게 갈파했다.

> 과거장에서는 못된 선비들이 묵은 폐단에 젖어 있습니다. 본디 실력도 없으면서 밥이나 얻어먹고 놀기만 일삼는 자들이 열심히 몰려듭니다. 1년 내내 책 한 권 변변히 읽지 않고 끝까지 의리 한 마디 나누지 않으면서 무리를 지어 떠들어대고 관에서 주는 밥이나 축냅니다.

이것은 배경이 든든하고 세력을 뻗고 있는 성균관 유생에 대한, 늙고 미미한 시골 선비의 용감한 도전이었다. 조정에 몸담고 있는 벼슬아치들과 성균관 유생들은 그의 봉사 내용을 놓고 엉뚱한 트집을 잡아 규탄했다. 위백규가 쓴 문장이 사투리투성이어서 임금의 귀를 더럽혔다고 떠들어댄 것이다. 이는 그의 솔직하고 소탈한 성품을 단적으로 드러내는 대목이다.

그러나 이러한 그의 생각은 정조를 흡족하게 했다. 정조는 뜻대로 백성을 다스려보라고 위백규를 옥과현감玉果縣監으로 내려보냈다. 그는 일흔 살의 노구를 이끌고 임지에 부임해 1년 동안 향약을 실시하는 등 무진 애를 썼다. 하지만 그는 재임 중 중풍에 걸려 정무를 제대로 볼 수 없었다. 전라감사는 그의 고과를 '하고下考'로 매겼다. 이를 본 정조는 그의 고과표를 지워버리고 서울로 불러 올리려 했다.

풍증이 도지자 사직하는 상소를 올렸고 이에 정조는 별제別提라는 직위를 주어 조정으로 불러올렸다. 별제는 정6품의 품계에 해당하지만 무록관無祿官이었다. 녹봉을 한 푼도 받지 않고 360일을 근무하는 실직의 자리를 주었다. 정조의 깊은 배려였다. 아니나 다를까 성균관 유생들은 이 임명을 반대해 동맹휴학에 들어갔다. 위백규가 지난날 그들의 잘못을 지적한 감정에서 나온 집단행동이었다. 이에 위백규가 사직을 하자, 정조는 한 등급을 올려 전주에 있는 경기전慶基殿의 책임자가 되도록 했지만 끝내 나아가지 않고 고향에 돌아왔다. 그리고 일흔둘의 나이로 고향에서 세상을 떠났다. 촌무지렁이가 정조의 끔을 받아 출세했다면 출세한 것이다. 만일 그 훌륭한 식견을 국가의 정책에 제대로 써보지 못했다면 불행한 지식인이라고 할 수 있을 것이다.

그는 한양 나들이를 몇 차례 했으나 교우 범위가 넓지는 않았다. 당시 한양 근방에서 활약하던 박지원, 홍대용, 안정복, 정약용 같은 실학자를 만난 적이 없다. 그는 혼자 읽고 보고 들은 것을 토대로 실학사상을 전개했다. 친구들과 함께 토론을 거치고 의견을 나누며 정리한 것은 아니었다. 이것은 아마도 '삼벽'을 말한 자기의 처지에서, 성격이 폐쇄적이고 비타협적으로 흘러간 탓으로도 보인다.

혼자 터득한 실학사상

그는 다른 실학자들과 다른 독특한 개혁사상을 피력했다. 그 개혁사상의 요지는 벼슬아치, 선비에서부터 아전, 농민에 이르기까지 기강의 확립에 초점을 두고 있다. 이를테면 부패, 도둑질, 사치, 무절제 그리고 무지를 없애야 부국강병을 이룩할 수 있으며 복된 사회를 건설할 수 있다는 것이다. 이것을 실현하는 방법을 그는 향촌에서 찾고 있다. 그는 무엇보다 학교 교육을 널리 보급할 것을 역설했다. 이 문제는 크게 두 가지로 나누어 설명하고 있다.

첫째, 훈장을 선거로 뽑아야 한다고 했다. 지방의 덕망 있는 유식한 사람 몇 명을 골라 추천하면 지방의 유지 50여 명 정도가 모여 투표를 해서 가장 표를 많이 얻은 사람을 훈장으로 뽑는다. 그리고 뽑힌 훈장에게는 교육에 열중할 수 있는 경제적 대우를 해주고 교육의 성과에 따라 포상을 해야 한다는 것이다.

둘째, 학생은 원만한 인격과 학업을 이룰 수 있는 능력을 갖춘 자를 뽑아 경비를 관에서 부담해 교육을 시키는 것이다. 그리고 충분한 기회를 주었어도 능력이 미치지 못하는 학생은 학업을 중단시키고 농사 따위의 생업에 종사하도록 해야 한다는 것이다. 교육에 대한 이러한 견해는 당시로서는 획기적인 것이었다.

양반이나 있는 자들만 교육을 받고 아무리 총명하더라도 신분이 낮으면 기회가 주어지지 않는 당시의 사회통념에서 빈부와 귀천의 차별을 뛰어넘어 고르게 교육해야 한다고 주장한 것이

다. 그리고 훈장이 무식하고 덕망이 없으면서도 생업을 위해 일
선 교육에 나서는 풍토를 고치고자 한 것이기도 하다. 더욱이 이
런 지방 교육에 관의 간섭이 있어서는 안 된다고까지 주장했다.

이외에도 지역의 발전이 곧 국가의 발전에 직접 연관되므로
향촌의 문화수준을 높일 것과, 자율적 조세정책과 자체의 방어
임무를 수행하도록 해야 한다고 했다. 그는 향촌의 문화수준을
위해 젊을 때부터 농민의 의식화 작업에 솔선수범했고, 기회가
있을 때마다 농촌계도에 나섰다. 그리고 이를 위해서는 궁극적
으로 관가에서 적극적인 정책을 펴야 한다고 했다.

그리고 자율조세정책을 단행해야 한다고 주장하면서, 각 부락
에서는 농민자치의 회의체를 만들어 재산의 정도에 따라 조세의
액수를 정하고 호구에 따라 자체에서 군역에 종사하게 하거나
군포를 물리면 잘못 배당되는 일이 없을 것이라고 했다.

또한 향촌의 자체 방어능력을 길러 외적에 대비해야 하는데,
그러기 위해서는 양반, 상인을 가릴 것 없이 군역의 의무를 지는
것을 영광으로 여기도록 유도해야 한다고 했다. 군역의 의무에
서 벗어나기 위해 공신의 자손이라고 꾸미는 따위, 족보를 위조
하는 일 따위의 부정을 막고 누구나 군역의 종사가 벼슬아치보
다 대우받는다는 생각을 품게 해야 한다는 것이다. 이것이 그의
국민개병제의 이론이다. 국민개병제로 향촌을 향촌 스스로의 힘
으로 자체 방어할 수 있게 해야 한다는 것이다.

그의 개혁사상은 제자들에게 계승되지 못했으며 조정의 정책
으로도 채용되지 못했다. 정조가 죽은 뒤에는 논의조차 되지 않

았다. 그가 시골 한사寒士 출신이었던 탓인가, 그의 말에 귀를 기울일 풍토가 되지 않은 현실 탓인가?

그는 농민시를 여러 편 남겼다. 그는 보리 연작시, 구황 연작시를 통해 농촌의 비참한 생활을 고발했으며 그들의 고통을 풀어야 하는 사정을 호소했다. 앞의 김시습, 뒤의 정약용의 농민시를 방불케 한다.

우정규

신분의 한계를 극복하고 사회개혁안을 제시한 지사

학문과 재주가 뛰어난 시골 선비

조선시대는 철저한 신분사회였다. 그러므로 양반 부스러기가 아니면 과거에 응시할 수 없었다. 그런데 문제는 차츰 복잡하게 얽혀갔다. 비록 양반 피붙이라도 아버지나 할아버지가 변변한 벼슬자리에 오르지 못했거나 북쪽지방 출신이거나 전라도나 경상도의 보잘것없는 가문에서 태어난 자손들에게는 설령 과거에 합격했다 하더라도 벼슬자리가 잘 주어지지 않았다. 조선 후기에 들어서면 이런 일은 셀 수도 없었다. 그 까닭은 바로 한양에서 떵떵거리며 세도를 부린 몇몇 집안이 권력을 쥐고 벼슬자리를 독점했기 때문이다. 이른바 문벌정치의 폐단이다.

그런데 이런 현실에도 불구하고 시골의 아주 보잘것없는 가문의 출신으로 큰 뜻을 품고 조정에 들어가 벼슬을 하면서 자신의 의지를 펴보려던 한 인사가 있다. 그는 바로 경상도 함양 출신의 우정규禹禎圭(1728~?)이다.

우정규는 떵떵거리는 가문에서 태어나지도 않았고 지리산 밑 시골뜨기였으며, 게다가 아버지가 벼슬을 얻지 못한 탓에 그의 생애와 행적은 거의 알려져 있지 않다. 아무리 훌륭한 사람이라도 이처럼 기록이 남아 있지 않으면 필자 같은 글쟁이들은 여간 난감한 것이 아니다. 그렇다고 해서 이런 지사들을 뒷사람들이 외면하는 것 또한 도리가 아닐 것이다. 기록이 부족하나마 그의 행적을 추적해가며 그가 어떤 인물인지를 알아보기로 하자.

『국조보감國朝寶鑑』 정조 연간의 기사를 보면, 우정규의 자는 여보汝寶, 본관은 단양丹陽이요, 호는 남파南坡인데 함양에서 살았다 한다. 그 과정은 알 수 없으나 1766년(영조 42) 서른여덟의 나이에 과거에 합격했고, 현감과 우통례右通禮라는 벼슬을 지냈다고 한다.

그런데 이 기록에는 미흡한 부분이 너무 많다. 함양 어디에 살았는지, 아버지는 어떤 인물인지, 그리고 어느 고을의 현감을 지냈는지 기록이 없다. 그리고 언제 죽었는지에 대해서도 기록하지 않고 있는데 바로 조정에서 쫓겨난 탓일게다. 그러면 이 보잘것없는 낮은 벼슬아치가 임금의 정사에 도움을 주기 위해 엮은 『국조보감』에 어떻게 이름이 오르게 되었는가? 그것은 바로 정조에게 잘못된 시정을 뜯어고쳐야 한다는 장문의 개혁방안을 냈기 때문이다.

그는 단양 우씨이다. 단양 우씨는 조선 중기만 해도 우성전禹性傳 같은 훌륭한 인물을 배출했다. 우성전은 허균의 자형이자 남인의 맹장이었으며 훌륭한 유학자였다. 그 뒤 서인과 노론이 조정을 주름잡게 되자, 이들 자손은 남인계열이었던 탓으로 차츰 중앙정계에서 소외되었던 것으로 보인다. 이들이 어떤 연유로 경남 외곽의 오지인 함양에 살게 되었는지는 모를 일이다.

우정규의 학문과 재주가 뛰어났다는 사실을 알려주는 기록들은 단편적으로 전해진다. 1765년(영조 41) 생원시에 거수居首(장원)가 되어 임금을 직접 대면할 수 있는 영광을 입었고, 이어 임금이 직접 시험을 보이는 전시殿試에 응할 자격이 주어졌다(『영조실록』).

그가 전시에 몇 등급으로 합격했는지에 대한 기록은 없지만 우수한 성적으로 합격했다는 사실을 뒷받침해주는 기록이 전해진다. 1767년 그가 예문관의 벼슬을 주자는 주망注望(후보자 명단)에 오르자 조정의 벼슬아치들이 이를 반대하고 나선 것이다. 그는 이득화, 이제만 등 여섯 선비와 함께 청직淸職으로 뭇 선비들에게 선망의 대상이 되는 예문관의 한 자리를 받는 인물로 천거되었던 것이다.

그런데 이들의 전임자요 상관들은 이들이 인망人望에 맞지 않으니 천거를 거두어달라는 글을 임금에게 올렸다. 그뿐만 아니라 대교待敎 이동욱李東郁은 특히 우정규를 찍어 "미천한 출신이 여기에 끼어들었으니 모조리 삭직시켜야 한다"는 상소를 올렸다. 이동욱은 천주교 신도로 죽임을 당한 이승훈의 아버지이다.

이런 분란으로 인해 그는 아마 예문관의 청직을 얻지 못한 것으로 보인다. 그러나 임금의 총애로 종6품에 해당되는 현감의 벼슬을 얻었고 뒤에 가서는 비록 실권이 없는 자리이기는 하나 정3품의 우통례라는 자리를 얻었다. 우통례는 궁중의 의식을 맡아보는 통례원通禮院의 고위직에 속했다. 세도가들은 권력도 없고 돈도 생기지 않는 이런 자리를 외면했지만 보잘것없는 가문의 그에게는 적어도 정3품 당상관이라는 자리가 눈물겹도록 고마웠는지도 모른다.

그가 이만한 자리에 오른 것은 정조의 특별한 배려 때문이었을 것이다. 정조는 재주 있는 벼슬아치들을 곧잘 중요한 자리에 배치했고, 이것이 뜻대로 되지 않으면 어떻게든지 주변에 이들을 붙잡아두려 했다.

정조는 왕위에 오른 뒤 조정의 정치와 관인사회가 나날이 잘못돼가는 현실을 똑바로 보고 있었다. 그리하여 늘 옳은 목소리 듣기를 원했다. 그러나 대부분의 벼슬아치들은 이러한 임금의 뜻을 몰라주고 있었다. 이즈음 우정규는 세상의 잘못과 시정의 비리, 제도의 미비를 40여 조목으로 나누어 『경제야언經濟野言』이라는 책을 써서 임금에게 올렸다. 정조가 이것을 기쁘게 받아 숙독했음은 말할 나위도 없다. 그리하여 정조는 이런 비답批答을 내렸다.

모든 벼슬아치들이 아무 말이 없는지 오래되었구나.…… 더러 올리는 글이 있기는 하지만 중요한 것은 말하지 않으며 당파에 기울어진 일이나 사사로이 세력을 키우는 문제는 한결같이 숯을 삼

킨 듯, 대추씨를 삼킨 듯 아무 말이 없으니 어찌 모든 신하를 허물
하리오.…… 네가 소외된 미관으로 능히 서슴없이 바른 말 하는 참
뜻을 본받아 이 40여 조의 경국제세經國濟世에 대한 설화를 개진했
구나. 앞 9조는 내 심신에 간절하고 요긴하지 않은 것이 없어서 마
땅히 본받아야 할 것이요, 다음의 조목들은 의정부로 하여금 상의
해 의견을 물을 것을 명하겠노라. 네가 속된 안목으로 비웃는 것을
꺼리지 않고 능히 입을 열어 조목조목 따졌으니 지극히 가상하도다.

『정조실록』12년 10월조

이것은 정조의 심정을 참으로 잘 토로한 것이리라. 미관말직의
그로서는 대단한 영광이었을 것이다. 그러나 그가 이러한 칭찬
의 말을 듣기 위해 개혁방안을 올린 것은 아닐 것이다.

정조에게 올린 사회개혁안

그러면 『경제야언』은 어떤 책인가? 앞서 정조의 비답에서 보
듯이, 앞의 9조는 임금으로서 가져야 할 도리를 말한 것이다. 임
금이 마음가짐을 바르게 하고 기강을 바로잡고 사치를 금하고
당쟁에 휘말리지 말 것 등을 논했다. 그 뒤의 조목들은 국가 전
반의 폐정을 낱낱이 지적했다. 여기서 모두 소개할 수는 없으나
제도의 잘못, 조세의 문제, 국방의 문제, 운수와 마정馬政의 개
혁, 지역차별의 철폐 등을 논하고 있다. 이 내용은 그가 보고 들

은 것에서부터 조정에 들어와 늘 논란을 벌인 것까지 망라되어 있었다.

정조는 이 책자를 보고 함안군의 환곡 폐단을 곧바로 시정하라고 지시했다. 그가 환곡의 폐단을 실례로 든 것이 정조로 하여금 한 고을에서나마 즉각 고치도록 조치하게 한 것이다. 이어 정조는 약속대로 나머지 조항들을 의정부로 하여금 논의해 보고하게 했다. 그런데 3개월이 지나도록 이에 대한 의견제시가 제대로 이루어지지 않았다. 다만 국가의 주요 정책을 논하는 기구인 비변사備邊司에서 우정규가 제시한 내용은 모두 중언부언한 것이요, 자질구레한 것들이어서 제대로 시행할 것이 못 된다는 의견을 내놓았다. 그리고 '여자들의 수식首飾'을 따진 조항만은 시행해야 할 것이라고 했다.

그러면 '여자들의 수식'이란 무엇인가? 당시 양반이나 기생 등 누구를 따질 것 없이 여자들은 '다리'라는 가발을 썼다. 특히 혼인을 할 적에는 이것이 필수품이었다. 그런데 어찌나 비쌌던지 한 개에 70냥을 주고 사야 했고, 가난한 집에서는 집과 논을 팔아 사야 했으며 만일 이것을 마련하지 못하면 혼인날을 늦추는 일도 비일비재했다. 혼인하는 여자는 이 다리라는 가발을 해야 시부모에게 인사할 수 있는 당시의 풍습 때문이었다. 그리하여 영조도 이 문제에 크게 관심을 기울인 적이 있었다.

정조는 이 '여자의 수식'에 대해 신금절목申禁節目을 마련하도록 하고 이를 어기는 가장에게 벌을 내리라고 엄명했다. 그리고 시집가는 처녀는 다리를 없애는 대신 족두리만을 쓰게 했다. 족두리는 간단한 장식을 머리 위에 얹게 한 것이다. 족두리는 신분의 상하와 귀천을 따지지 않고 통일시켰다. 그리하여 이후부터 혼례에 다리는 없어지고 족두리만 쓰게 되었다. 나쁜 풍속을 바로잡은 것이 정조의 덕이겠는가, 우정규의 의견 때문이겠는가?

그런데 이외의 조목들은 흐지부지되고 말았다. 우정규는 이 개혁방안을 내고 나서 임금으로부터 활을 하사받는 영광을 입었다. 그리고 그의 이름이 실록과 『국조보감』에 오르게 되었다. 그러나 그의 의견이 조정에서 제대로 수렴되지 않은 현실을 보고 그가 어떤 심정이었을지는 모를 일이다. 칭송은커녕 오히려 하잘것없는 의견을 냈다고 지탄을 받았으니 아마 심사가 비참했을 것이다. 그 뒤 그는 조정에서 쫓겨난 것으로 추측된다.

그는 실학의 태두인 성호 이익보다 20여 년 뒤에 태어났고 다산 정약용이나 연암 박지원보다는 20여 년 앞서 태어났다. 그의 개혁방안은 분명히 주목해야 할 것이었다. 그런데 안타깝게도 그의 저술은 『경제야언』 외에 전해지는 것이 없다. 시골 무지렁이 출신인 탓에 그의 저술이 온전히 전해지지 못한 것이다.

김평묵
척사위정운동의 큰 기둥

전통유림 세력을 대표한 이항로의 수제자

1866년(고종 3)에 들어서자 나라는 온통 시끄러웠다. 조정에서는 천주교인을 잡아 죽이고 천주교 서적을 불태웠으며 독일·미국의 배들이 우리나라 연해에 표류해오기도 하고 통상을 요구해오기도 했다. 문을 꼭 닫아걸고 살아온 은둔의 나라에는 무엇인가 폭발할 것 같은 긴장감이 감돌았다.

같은 해 7월, 결국 사건이 터졌다. 미국의 상선 제너럴 셔먼호가 대동강을 거슬러 올라와 우리나라 사람들을 깔보며 노략질을 일삼자, 그곳 평양감영의 군사와 백성들이 상선을 습격해 불태워버렸다. 그리고 8월에는 천주교도를 탄압, 프랑스 신부를 처형했다는 구실로 프랑스 함대가 서울의 턱밑 양화진에까지 침입해왔다가 물러가면서 강화도를 점령했고 관아건물도 불태웠다.

조정에서는 강화를 주장하는 파와 일시 파천해 끝까지 싸우자는 파로 갈라져 결정을 내리지 못했다. 이때 많은 제자들을 거느리고 유생들에게 영향력을 발휘하던 화서華西 이항로李恒老에게 동부승지의 벼슬을 내려 조정으로 불러올렸다. 이항로는 병든 몸으로 제자 중암重菴 김평묵金平默(1819~91)과 성재省齋 유중교柳重教를 데리고 조정에 나왔다. 그러고는 사직소를 올리면서 강화를 하자는 쪽은 적변인賊邊人, 싸우자는 쪽은 국변인國邊人으로 나누어 극렬한 문투로 전수설戰守說을 주장했다. 그리고 당시 그의 문인 양헌수는 강화도 수비대장으로 적과 맞서 싸우고 있었다.

일단 한바탕 싸움을 벌인 뒤에 프랑스 함대는 물러갔다. 이항로 일행은 적이 퇴각한 소식을 듣고 벼슬길에는 나아가지 않고 양평으로 물러나왔다. 그러고는 이항로를 중심으로 한 전통유림들은 척사위정斥邪衛正운동을 본격적으로 벌이기 시작했다. 척사위정은 일본과 서양세력을 배격하고 서양의 문물을 거부해 공맹의 도와 나라와 민족을 지키자는 것이다. 다시 말해서 인류다운 윤리와 문화를 가진 유교를 지켜 금수와 같은 야만의 세상이 되는 것을 막자는 것이다.

척사위정운동에 투신하다

1868년 이항로는 풍운이 더욱 세차게 이는 속에 세상을 떠났다. 이제 척사운동은 제자들에게 맡겨진 셈이다. 이항로의 수제자는 바로 김평묵이었다. 김평묵은 안동 김씨의 문벌정치가 한창 일 적에 포천 시우촌에서 태어났다. 그는 가난한 선비 집에 태어나 일곱 살 때 글을 본격적으로 배우기 시작했고 열일곱 살에 과거에 응시하기도 했다.

그는 청년이 되어 여러 명사들을 찾다가 스물네 살 때 양평 노문리 벽계에서 이름 있는 선비로 명성을 떨치던 이항로에게서 글을 배웠다. 그리고 충청도 현강의 거유 매산梅山 홍직필洪直弼에게도 한때 제자 되기를 청했다. 그러나 그는 어디까지나 이항로를 평생의 스승으로 받들었다. 이항로와 김평묵은 나이 차가 열세 살이었다. 그러므로 이항로의 제자 중에 나이로 보나 연조로 보나 단연 김평묵이 윗자리를 차지한 수제자였다.

김평묵은 이항로 문하에서 공맹孔孟·정주程朱로부터 이이·송시열로 이어지는 이른바 기호畿湖 계열의 학문에 열중했다. 그리고 경서공부와 척사위정의 이론에 심취했다. 그보다 뒤에 면암勉菴 최익현崔益鉉이 이항로의 제자로 입문했다. 김평묵은 이항로의 뜻에 따라 중국역사를 끌어대 정통성을 밝히는 『화동합편강목華東合編綱目』 같은 역사책을 엮기도 했고, 스승의 어록을 모은 『화서아언華西雅言』과 이단을 배척하는 『벽사변증辟邪辨證』을 짓기도 했다.

이즈음 병인양요가 일어나 척사운동을 활발하게 벌이기 시작했던 것이요, 이항로가 죽고 난 뒤 이 운동은 실제로 그에게 떠맡겨졌다. 1871년에는 미국의 군함이 강화도 광성보를 점령하고 통상을 강요하는 비상사태가 일어났다. 그리고 1876년에 무기력한 왕조는 전통유림의 의지와 달리 일본에 굴복해 이른바 병자수호조약을 맺고 개항을 하고 말았다.

단순히 전통유림들끼리 모여 행동이 결여된 채 입씨름만 벌이기에는 시대상황이 너무 절박했다. 이에 김평묵은 이전에는 이항로의 제자였고 지금은 그의 제자인 홍재구, 유인석, 유중악 등에게 척화상소를 올리라고 지시했다. 그는 후배인 최익현과 함께 막후에서 이 상소운동을 지휘했다.

이리하여 경기도와 강원도의 유생들이 중심이 되어 개항을 반대하고 조정정책을 비난하는 상소를 올렸다. 이 상소문은 김평묵 자신이 써서 그의 사위 홍재구를 소수疏首로 해 올렸다. 이보다 앞서 개항 초기, 흥선대원군의 하야를 주장한 상소 사건에 연루되어 최익현이 흑산도에 귀양 갔을 적에 그는 산속에 숨어 지냈다. 이런 연유로 해 직접 일선에서 활동할 수 없었다. 이 상소의 몇 구절을 보면 이러하다.

신등臣等이 아침저녁으로 돌아가는 꼴을 보니 예악은 똥구덩이에 빠지고 인류는 금수가 되었습니다. ……이제 왜놈들이 서양 오랑캐의 창귀가 되어 서양 도둑을 인도해 우리나라에서 뜻을 얻는다면 이것은 맹자가 이른바 "짐승을 거느리고서 사람을 먹인다"는 것으로 공자의 도가 소멸해 다시 살아날 수 없게 되는 것입니다. ……지난날의 왜는 이웃 나라였기에 화의할 수도 있었지만 지금의 왜는 도둑이기에 도둑과는 화의할 수 없습니다. 무엇으로 도둑임을 알 수 있느냐 하면 서양도둑을 앞장서서 인도하기 때문입니다. 무엇으로써 서양도둑을 앞장서서 인도하는 것을 알 수 있느냐 하면 왜놈과 서양 사람은 동심일체로 나라 안에 멋대로 돌아다니기를 여러 해 했으며, 서양 배를 타고 서양 대포를 앞세워 오기 때문입니다.

곧 서양과 일본을 같은 도둑의 무리로 보고 이를 결단코 끊어야 공맹의 도와 나라를 보존할 수 있다는 것이다. 이것이 왜양倭洋 일체론이다.

이들은 조정이 일본과 손을 잡으려는 일만 벌어지면 조직적으로 움직였다. 그동안 그에게 가감역假監役 따위의 하찮은 명예직이 내려지기도 했지만 그에게는 어울리지도 않았거니와 어림없는 회유책이었다.

1881년에는 새로운 사건이 일어났다. 개화파 김홍집이 일본에서 돌아오면서 중국인 황준헌이 쓴『조선책략朝鮮策略』을 가져와 조정에 올리면서 그 내용을 국가의 정책으로 받아들이자고 한 것이다. 이 책의 요지는 다음과 같다.

조선이 강토를 보존하려면 청국과 친하지 않을 수 없고 일본과 관계를 맺지 않을 수 없으며, 서양과 연합하지 않을 수 없다. 또 예수는 주자나 육상산 같은 인물이므로, 서학을 받아들이지 않을 수 없고 선교사를 맞이하지 않을 수 없다.

이에 영남의 유생 이만손 등이 전국에 통문을 돌려 이 개화정책을 반대하는 만인소萬人疏운동을 벌였다. 김평묵은 이에 힘입어 그들을 격려하고 제자들에게 적극 협조를 당부하는 한편, 손수 편지를 써서 이만손에게 보냈다. 당시 김평묵의 제자들은 대부분 노론으로 남인 이만손이 벌이는 상소운동에 참여하기를 주저하고 있었다. 뒤에 이들 만인소 주동자들은 엄한 처벌을 받았다.

한편 홍재구·홍재학 형제 그리고 김평묵의 문인들은 경기와 강원도 유생을 중심으로 만인소에 이어 또다른 상소운동을 벌였다. 이 상소는 영남의 만인소 주동자들이 귀양 가는 사태가 일어나자 이에 맞서 일어난 것이다. 김평묵은 상소문의 끝에 척사위정의 대의명분을 밝히는 글을 써서 덧붙였다.

수백 명의 유생들은 이 상소를 올리고 궁궐 앞에서 60여 일을 끈질기게 버텼다. 그러나 고종은 격노해 이들을 잡아들였다. 홍재학은 서문의 형장에서 참수되었고, 신섭은 외로운 섬에 귀양 가는 처벌을 받았다. 조사 결과, 영남 만인소와 홍재학의 상소가 모두 김평묵의 지휘로 이루어졌고 덧붙인 글 역시 그가 지은 것임이 밝혀졌다. 그리하여 그는 잡혀가 모진 매를 맞았다. 그 뒤 일단 풀려났다가 다시 나주의 지도로 귀양 가는 몸이 되었다. 예순세 살의 나이였다.

섬에서 귀양살이를 하고 있는 동안에도 많은 제자들이 유배지로 찾아들었고 그는 찾아온 제자들에게 척사위정의 길을 계속해서 역설했다. 이듬해 임오군란이 일어나서 홍선대원군이 잠시 권세를 잡자, 척화에 뜻을 같이하고 있던 김평묵을 유배에서 풀어주었다.

그 뒤 그는 갑신정변을 겪고 나라에서 기독교를 공인하는 상황을 목격하면서도 별달리 큰 힘을 발휘할 수 없었다. 책만 읽던 그들로서는 이런 나라의 현실을 어찌할 수 없었다. 그는 이러한 나라의 모습을 눈으로 보고 몸으로 겪으면서 가슴속의 열기를 삭이다가 일흔세 살의 나이로 세상을 하직했다.

의기만으로 침략세력에 맞선 한계

그의 죽음은 곧 척사위정의 정신적 지주를 잃는 것이다. 초기의 이항로, 제2기의 김평묵 두 지도자에 이어 제3기의 시대로 접어든 것이다. 제3기의 척사위정운동은 대체로 이항로 계통의 문인을 중심으로 볼 적에 두 갈래로 형성되었다. 하나는 최익현 중심의 의병활동이고, 다른 하나는 유인석 중심의 의병활동이다.

1894년 동학농민전쟁이 일어난 뒤 이들은 산발적으로 수성군守城軍 따위의 이름으로 농민군을 토벌하는 민보군으로 나섰다. 그리고 갑오개혁으로 개화정권에 의해 단발령이 단행되고 을미사변으로 명성황후가 일본 낭인들에게 시해되자, 이들은 의병투쟁을 본격화했다. 유인석은 제천을 중심으로, 민용호는 강원도를 중심으로 의병투쟁을 벌이다가 뒤에는 연합세력을 형성했다. 이때 최익현은 단발령을 반대하다가 투옥되었는데 한때 태인 등지에서 의병활동을 전개했다.

그 뒤 이들은 항일의병투쟁의 중심세력이 되었다. 그리고 나라가 일제에 강점된 뒤에는 유인석 등이 만주로 무대를 옮겨 항일투쟁을 계속 벌였다. 이들의 구국투쟁은 분명히 민족적 저항을 나타낸다. 그 중에서도 일제의 침략이 본격화되는 시기에 살면서 현실대처의 이론을 폈던 김평묵의 행적은 값진 것이다. 만일 그가 1894년까지 살아 있었더라면 그의 제자들을 중심으로 한 전통유림의 의병투쟁은 더 활기를 띠었을지도 모른다.

그러나 이런 긍정적인 평가 외에 그들의 현실인식을 좀 더 냉철하게 평가해봐야 한다. 앞에서 그들의 행동의지와 자세를 간략히 알아보았지만, 그들은 보수 성향을 지나치게 짙게 풍기고 있었다.

우선, 나라와 민족보다도 유교이념을 먼저 지키려는 이론에 치우쳐 있었다. 그들은 공맹의 도가 없어지는 나라는 금수의 지경으로 떨어지므로 나라의 존재의의가 없다고 보았다.

둘째, 개화파와 동학농민세력이 주장한 신분제 타파, 문벌 타도, 토지독점의 배제 등을 반대하고 봉건제도의 모순까지도 질서와 존비를 세워서 옹호하려 들었다. 그들은 개화파도 왜나 서양과 손을 맞잡고 나라를 팔아먹으려는 것으로 돌려 그들과 싸웠고, 동학농민세력도 양반에 반항하는 무리로 치부해 의병에 모여드는 농민세력을 가려내 처형하기도 했다. 그리하여 국민일체감으로 강력한 침략세력과 싸워야 할 때 많은 다른 세력을 적으로 돌렸던 것이다.

셋째, 주변의 정세에 너무 어두웠고 스스로의 힘을 가늠하지

못하는 현실에 무지한 백면서생의 범주를 벗어나지 못했다. 그
들은 일본의 동향이나 서양의 국력을 살펴 대처할 줄 몰랐으며
과학문명이 어떠한 것인지 탐구해 이에 대처하려는 의지가 전혀
없었다. 또한 적어도 우리나라의 국방력을 어느 정도로 유지해
침략세력과 맞서야 하는지에 대해서도 무지했다. 그들은 다만
의기 하나로 싸웠을 뿐이다. 이것은 적어도 침략세력에 대항하
는 민족세력으로서는 많은 결함을 지녔다고 할 수 있다.

세상을 이롭게 하는 학문

박지원／　박제가／　정약용／　김정희／　김정호／

실학파는 적극적인 현실참여로, 묵은 체제에 대한 강력한 비판으로, 거기서 한 걸음 더 나아가 치열한 자아각성으로 근대지향적 의지를 나타낸 진보적 지식인 그룹이었다. 실학파의 중심인물인 다산 정약용은 『목민심서』『경세유표』『흠흠신서』등 방대한 저술을 통해 실학사상의 정수를 담아냈다.

박지원
뛰어난 문사이자 진보적인 지식인

북학파의 산실 탑골

서울 탑골 주변에는 불우한 문사들이 모여 살고 있었다. 때는 정조 연간이었고 그 중에서도 터줏대감은 연암燕巖 박지원朴趾源(1737~1805)이었다. 30대의 박지원은 이들 문사만이 아니라 운종가雲從街(지금의 종로 네거리 부근)의 장사치들, 막벌이꾼, 거지들에게까지 명성이 자자해 때로는 그들의 스승으로 때로는 그들의 벗으로 통했다.

열여덟 살의 소년 문사 박제가가 다 쓰러져가는 박지원의 사립문을 두드렸다. 집주인은 가슴을 풀어헤치고 망건도 쓰지 않은 맨상투를 너덜거리며 뛰어나왔다. 그리고 두 손을 마주잡고 방 안으로 맞아들였다. 두 사람은 나이나 신분의 차이를 뛰어넘

어 문학과 세상 이야기로 시간 가는 줄 몰랐다.

저녁 먹을 때가 되자 박지원은 밥을 지어 들여왔다. 차 끓이는 주전자에 밥을 해서는 물 담는 옹기에 퍼 담아 들여왔다. 두 사람은 맨바닥에서 밥을 먹고 난 뒤 밤을 새우면서 이야기꽃을 피웠다. 박제가는 이렇게 세월을 보내면서 열흘이고 한 달이고 자기 집에 돌아갈 줄을 몰랐다. 이 자리에는 주변에 살고 있는 문사들이 모여들었다. 박지원의 집 바로 길 건너에 있는 이덕무를 비롯해 유득공, 이서구, 서이수 등이다.

이들은 대부분 뛰어난 문사들이었으나 서이수를 제외하고 대부분 서얼 출신이어서 불우한 생활을 하고 있었다. 박지원은 이들과는 달리 5대 문벌가로 치는 노론 집안의 반남 박씨였지만 벼슬길에는 조금도 관심을 두지 않고 이들 서류庶流나 불우한 문사들과 어울리기만 했다.

그는 혼자 살고 있었다. 생활은 뒤죽박죽이었다. 사흘씩 밥을 굶기도 하고 술을 마시기도 하고 낮잠만 자기도 하고 책만 읽기도 했다. 그러다가 주변의 문사들이 모여들면 시와 술로 흥을 돋우었다. 그들의 화제는 현실의 모순과 비리를 개혁하는 것으로 옮겨졌다. 이들은 박지원으로부터 글을 익히고 세상을 배우고 돌아가는 인심을 논했다. 이서구는 이렇게 쓰고 있다.

어느 여름날 밤 연암 어른을 찾아갔다. 연암 어른은 사흘을 굶고 있었다. 그때 버선을 벗은 맨발로 탕건도 풀어버리고 문지방에 걸터앉아서 행랑지기와 이야기를 주고받고 있었다.

이서구는 이때 굶주린 박지원과 함께 밤을 새워 고금의 치란과 당세의 문장에 대해 논했고, 촛불이 다해 꺼지자 어둠 속에서 이야기를 계속했다.

당시 박지원의 가족은 광주에 살고 있었는데, 그는 몸이 뚱뚱해 더위를 견디지 못했고 모기와 개구리 소리에 잠을 이루지 못해 여름이면 혼자 서울에 와 있었다. 서울 집은 좁기는 했지만 모기와 개구리가 없어서 그런대로 견딜 만했다. 한 계집종이 박지원을 수발했다. 그러나 그 여종은 박지원이 눈병이 들자 주인을 버리고 도망했다. 먹을 것도 없고 밤낮이 따로 없는 주인을 더 모실 수 없었으리라. 그는 가버린 종을 찾을 생각도 하지 않았다. 그래서 밥 지을 사람이 없었다. 이리하여 행랑아범에게 밥을 붙여 먹었다. 행랑아범은 박지원에게 농지거리를 하면서 거리낌 없이 대했고 박지원도 그와 이야기 나누기를 즐겼다.

박지원은 며칠씩 세수를 하지 않고 열흘씩 머리 손질도 않고 지내면서 더러 땔나무꾼이나 참외장사를 불러들여 담소를 즐겼다. 그리고 다리 부러진 어린 까치에게 밥알을 던져주면서 장난을 치는 일에나 재미를 붙이고 있었다. 이서구가 찾아오던 날도 사흘을 굶은 끝에, 행랑아범이 남의 집 기와를 얹어주고 사온 쌀로 지은 밥을 얻어먹던 참이었다.

이런 생활 속에서도 박지원은 현실 문제에 대해 예리한 비평을 가하고 많은 글들을 썼다. 그는 선배 홍대용이 청나라에 다녀와 많은 과학 지식을 전달해주자 여기에 심취했고, 제자들과 함께 청나라 문화의 좋은 것을 배워 현실에 적용해야 한다는 주장을 폈다.

이때 박지원에게 하나의 시련이 닥쳤다. 정조가 왕위에 오르자 홍국영은 정조의 신임을 두텁게 받아 세도를 부리고 있었다. 홍국영은 박지원과 그 일파들이 안하무인으로 세상을 깔보며 자기네를 무시한다고 해 벽파로 몰아붙였다. 다시 말해서 정조를 반대하는 세력이라는 것이다. 이에 박지원은 1777년 한양을 버리고 황해도 금천 땅 첩첩산골인 연암 골짜기로 들어갔다.

이것은 피난이 아니라 그의 꿈을 실현하려는 것이었다. 시끄러운 한양을 벗어나고 싶었다. 더욱이 놀고먹는 자들을 매도하던 그로서는 직접 생산자가 되는 길을 택해 노력해보고 싶었던 것이다. 그는 연암 골짜기에 큰 꿈을 걸었다. 주변에 과일나무를 심고 양어장을 만들고 1백 통의 벌집을 늘어놓으려 했다. 그러나 이것은 한낱 꿈이었다. 연암에서의 생활은 말이 아니었다. 초가삼간을 짓고 돌밭 몇 뙈기를 일구었을 뿐이었다. 손이 부르트고 발바닥이 갈라지도록 일을 해보았다.

그는 농사일을 하다가 연암당燕巖堂을 짓고 틈틈이 그 아래 연못에서 낚시를 즐기며 살았다. 어릴 적부터 부모를 잃고 형수의 손에서 자란 박지원은 혼자된 병든 형수를 이곳에 모시고 와 호강시키려 했지만, 형수는 이 골짜기에 와 호강도 못해보고 죽어 뒷산에 묻히는 비극을 겪었다.

그는 숯 굽는 사람들을 불러 모았다. 그리하여 그의 이웃은 서너 집이 되었다. 그들은 누더기 옷에 검정 칠을 하고 숯만 구워 팔 뿐 그가 바라는 농사는 짓지 않았다. 이런 말이 아닌 고생 속에서도 그는 "마음은 이것을 즐기며 바꿀 생각이 없다"고 쓰고 있다.

박지원이 살던 18세기는, 유교적 통치이념이 새로운 도전을 받던 시대였다. 새로운 사상개편을 요구하고 현실개혁론을 주장한 세력들을 흔히 실학파라 부른다. 이 실학파들은 진보적 지식인들로 때로는 현실참여로, 때로는 묵은 체제에 대한 비판으로, 때로는 자아각성으로 그들의 근대지향적 의지를 나타내고 있었다.

그 중에서도 다산 정약용과 연암 박지원은 그들의 중심인물이었다. 특히 박지원은 앞에서 본 대로 현실에 부딪치며 실천의 길을 걸었다는 점에서 특별한 자리를 차지하고 있다. 적어도 이론이 아닌 행동인으로서는 정약용보다 앞선다고 할 수 있다.

허구적인 현실을 날카롭게 풍자하다

박지원이 살았던 시기는 영·정조시대로 일컬어지는 문예부흥기였다. 개혁을 추진하려는 두 왕이 탕평 정책을 펴고 또는 온건한 방법으로 통치했기에 일컬어진 말일 뿐 실제로 봉건사회의 내면은 더욱 곪아가고 있었다.

경제적으로는 토지제도가 더욱 문란해지면서 대토지 소유가 점점 확대되어 빈부의 격차가 심해지고, 조세와 지대地代·공납은 영세 자작농 또는 소작농에게 가중되고 있었다. 사회적으로는 신분제도가 극도로 문란해져, 일부 지배층에서는 노비 소유가 대량으로 이루어졌다. 이로 인해 노비들은 신분의 굴레를 벗기 위해 끊임없이 도망했고, 국가와 노주奴主들은 도망한 노비를 추쇄推刷(찾아서 잡아들이는 일)하기에 온 힘을 기울이고 있었다. 그리고 양반의 곁가지인 서얼들은 스스로의 힘으로 금고禁錮를 벗기 위해 여러 형태로 움직이고 있었다.

온갖 정치·경제적 이익을 독점하는 특권 양반지배층에 대해 소외되고 몰락한 향반들의 불평은 늘어가고, 농민들은 농토를 버리고 유리걸식하고, 노비들은 추쇄를 피해 산이나 섬으로 들어가서 숨고, 이런 틈을 서학이 비집고 들어오고 있었다. 이런 불안요소들은 다음에 올 민란의 시대를 예고하는 듯 내면으로 세차게 꿈틀거리고 있었다.

이런 현실에서 살고 있던 박지원은 위기의 현실을 통찰하고 있었다. 아니 그보다도 묵은 봉건적 요소들에 대한 일대 수술의 필요성을 절실히 느끼고 있었다. 박지원은 이 같은 시대상황에서 어떻게 현실에 대처하고 있었는가?

그는 1799년(정조 23) 농정農政에 대한 임금의 물음에 그의 견해를 밝힌 글에서 자기의 처지를 이렇게 쓰고 있다.

신의 집안은 대대로 청빈해 본디 농사지을 땅이 없었고, 서울에서 자라 눈으로 콩과 보리도 구분하지 못했습니다. 신의 할아비가 나라의 녹을 먹었는데, 신은 어렸을 적에 썩은 쌀을 뜰에 심고 싹 트기를 기다렸습니다. 조금 자라서는 선비들이나 쫓아다녔지 들사람이나 농사꾼들과는 어울리지 않았습니다. 중년에 어려운 신세가 되어 비로소 귀농할 뜻이 있어서 이른바 농사관계의 책들을 구해 초록을 해두었습니다. 그러나 실제는 돌아갈 만한 농토가 없어서 다만 벼루 밭에다 붓갈이(문필생활)나 했을 뿐입니다. 더러 들판에서 갈이 하는 법을 보았지만…….

『연암집燕巖集』「진과농소초문進課農小抄文」

여기서 우리는 그의 생애의 한 부분을 알 수 있다. 그는 노론의 명문 반남 박씨 집안의 둘째 아들로 태어났다. 그가 두 살 적에 아버지가 죽었고, 녹봉이 없는 명예직의 벼슬을 하던 할아버지 박필균의 손에서 자랐다. 그가 열여섯 살 적에 할아버지가 죽고 형도 일찍 세상을 떠났다. 그에게 남겨진 유산이 없었던 탓에 떠돌이 신세를 면할 수 없었다. 그의 집은 여러 차례 이사를 다녔고 중년이 될 무렵 가족은 경기도 광주로 이사를 했지만 그는 탑골 뒷골목의 오두막집에서 혼자 지냈다.

앞에서 말한 문사들을 북학파라고 불렀는데 그는 이들과 함께 주자학을 비판하고 청나라의 과학과 문물을 이야기하다가 때가 되어 쌀이 있으면 밥을 지어 격식 없이 함께 먹었고, 게다가 막걸리라도 있으면 흥이 더욱 났다. 이러한 모습은 "선비들이나 쫓아다녔다"고 말한 대목을 연상시킨다. 그는 서른네 살에 초시에 수석으로 합격한 뒤, 벗들의 강권으로 회시의 시험장에 들어갔다가 일부러 시험지를 내지 않았다고도 한다.

그의 겉모습 또한 가관이었다. 옷은 너덜너덜하고 옷고름은 풀어헤치고 갓은 아무렇게나 뒤집어썼다. 그 자신이 스스로를 평하기를 "광달하기는 장자 같고, 불공하기는 유하혜 같고, 술 마시기는 유령 같고, 저술하기는 양웅 같고, 스스로 견주기는 제갈량 같다"고 했다(『연암집』).

그의 저서 중에 『열하일기熱河日記』가 있다. 이 책은 당시에 풍미하던 존명배청의 풍조, 소중화 의식, 북벌론 등의 허구를 여지없이 깔아뭉개고 풍자했으며, 청나라의 좋은 점을 배우자고 역설했다. 한 대목을 보면 "의복이 명나라 것과 닮았다고 자랑하지만 그것은 상복이 아니냐? 머리를 깎지 않는다고 자랑하지만 상투는 남쪽 오랑캐의 풍속과 같지 않느냐? 티끌만큼도 그들(청나라)보다 낫지 않으면서 상투 하나 가지고 잘난 체하다니……"라

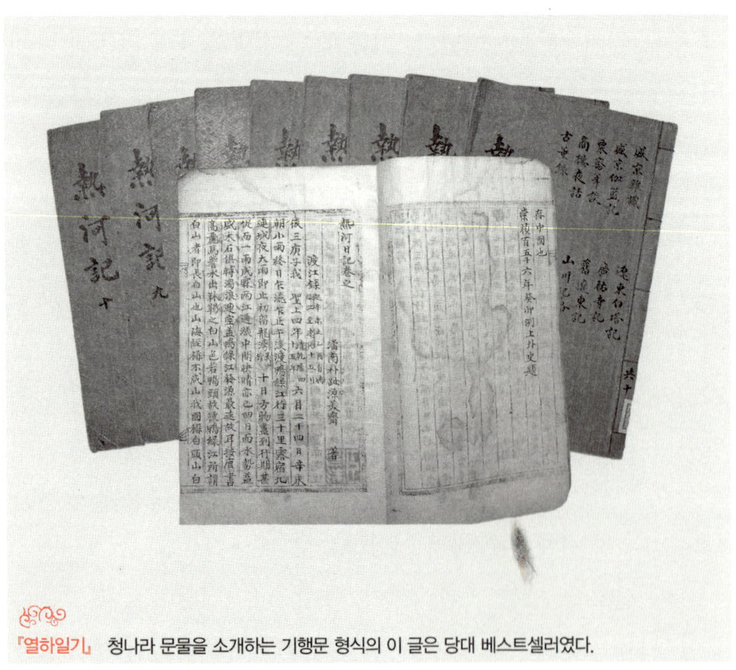

『열하일기』 청나라 문물을 소개하는 기행문 형식의 이 글은 당대 베스트셀러였다.

고 당시의 잘못된 생각들을 매도했다.

그의 행적을 미루어 볼 때 『열하일기』는 연암 골짜기에서 쓴 것으로 보인다. 그 무렵에 중국에 다녀왔기 때문이다. 특히 『열하일기』에 담긴 「호질문虎叱文」과 「허생전許生傳」은 풍자문학의 극치를 이룬 작품이다. 「호질문」에서 그는 북곽 선생이라는 위선에 가득 찬 학자를 풍자했다. 북곽 선생은 과부와 간통을 했는데, 과부의 아들들이 그를 여우가 둔갑한 것이라 해 여우를 잡아 돈을 벌자고 하자 도망치다 똥통에 빠졌다. 겨우 기어 나오니 호랑이가 도사리고 있어 애걸복걸 살려달라고 하자 호랑이는 한참

꾸지람을 늘어놓다가 선비는 속이 썩었으므로 먹지 않겠다고 하면서 가버린다.

「허생전」에서는 매점매석으로 큰돈을 번 허생이 그에게 벼슬을 권하러 온 어영대장 이완에게 세 가지 조건을 내세운다. 제갈량 같은 인재를 천거할 테니 임금(효종)에게 여쭈어 삼고초려할 것, 명의 망명 정객에게 국혼國婚을 주고 대신들의 집을 징발해줄 것, 명문의 자제들을 뽑아 머리를 깎고 되놈 옷을 입혀 유학생이나 상인으로 청나라에 보내 간첩의 사명을 완수하게 할 것 등이다.

당시 조정에서 도무지 인재를 찾으려 하지 않고 불공평하게 등용하는 것을 비꼰 것이다. 그리고 몇몇 세도가에게 계속해서 국혼을 주느니 차라리 '대국'이라고 섬기는 명나라의 정객에게 국혼을 주라고 빈정거렸으며, 오랑캐라고 멸시하면서도 청나라에 왕실과 조신朝臣의 딸들을 징발당하는 모순된 현실을 풍자했다.

또한 청나라를 치자고 외치면서도 과감히 그들 속에 뛰어들어 실정을 파악하려 들지 않는 뻔뻔한 북벌론자들을 매도한 것이다. 물론 이완은 세 가지 중 하나도 실천하지 못하겠다고 말했다. 허생은 그제야 일어서서 그를 크게 꾸짖고 칼을 찾아 찌르려 했다. 이완은 소스라치게 놀라, 들창을 박차고 뛰어나가 한달음에 도망쳤다.

『열하일기』는 청나라 문물을 소개하는 기행문의 형식을 빌렸으나 자신의 창작품을 필요한 대목에 포함시켰다. 그런 탓인지 이 책은 사람들의 입에 오르내려 모든 선비들이 다투어 읽었다.

그러나 인세 한 푼 들어오지 않을 때였으니 이러한 작품들이 읽히거나 말거나 그의 가난은 이루 말할 수 없었다. 박지원은 선배 홍대용에게 이렇게 편지를 썼다.

제가 한 언덕과 한 골짜기를 일군 지 9년이 되었습니다. 풍찬노숙 끝에 헛되이 두 주먹만 쥐었습니다. 마음은 피로하고 재주가 졸렬해 아무것도 이룬 것이 없습니다.

그러면서도 이 생활을 바꾸려는 생각은 없다고 했다.

살아 있는 지식인의 역할을 역설하다

비록 스스로 생산하지 않는 사람은 먹지 말라고 외쳤지만, 글이나 읽는 선비가 농사를 짓기에는 너무나 조건이 맞지 않았다. 이때 그는 선비는 선비로서의 할 일이 따로 있다고 깨달았다. 이리하여 박지원은 쉰 살의 나이에 걸맞지 않게 아주 하찮은 벼슬을 받았다. 이어 현감·부사 같은 원 노릇도 하게 되어 가난을 조금 면했다.

그러나 그에게 시련이 그친 것은 아니었다. 1792년 그에게 큰 비난이 쏟아졌다. 그가 쓴 『열하일기』와 소설들이 문체반정운동에 걸린 것이다. 고루한 선비들은 그의 비속한 말, 저속한 표현 그리고 현실에 대한 신랄한 풍자와 비평을 역겨워했고, 그의 문체가 젊고 기예한 선비들의 문장 표본이 되어가는 것을 참지 못했다. 그리하여 임금을 꼬드겨 박지원과 그를 추종하는 일파를 몰아내려 했다.

이에 정조는 그의 글을 읽고 무척이나 못마땅해하면서 반성의 글을 쓰라고 했다. 박지원은 굽힐 수밖에 없었다. 늙어서였을까? 정조는 다시 지어 올린 글을 보고 이맛살을 찌푸리며 만족스러워하지 않았지만 그냥 덮어두게 했다.

1799년, 면천군수가 된 지 2년 뒤에 올린 농서農書 앞머리에서 그는 이렇게 말하고 있다.

소임을 맡은 이래로 농사에 관해 수령이 해야 할 칠사七事의 경책警策을 섭렵하지 않음은 아니나, 못나고 게을러서 끝내 입으로 지껄이고 귀로 들은 학學이 되어 서로 맞아떨어지지 못하고, 습속習俗이 안이한 탓으로 쉽게 고치지도 못해 옛 습관에 따라 다만 권농했을 뿐입니다. 다음 쓸 이야기 중에 한두 가지는 아직 시험해보지 못했습니다. 이 때문에 직분을 얻은 지 몇 년이 되었으나 민사民社(백성의 생업)의 수무首務(농사)가 제대로 성행하지 못했습니다. …… 이로 인해 밤낮 걱정했으나 진실로 시위소찬尸位素餐하여 죄를 벗어날 수 없겠습니다.

『연암집』「진과농소초문」

이 문맥에서 그가 수령으로서 제일의 임무인 '권농'에 대해 노심초사했고, 실제로 자기의 방법을 농민들에게 실험했음을 알 수 있다. 비록 겸손한 표현을 썼으나, 『과농소초課農小抄』에서는 우리나라와 중국의 농업 관계에 대한 옛 의견을 기록하고, 자신이 직접 겪고 본 것을 제시했다. 그리고 국가정책으로 밀고나갈 것을 요구했다.

파란이 겹친 생애였으나 우리는 그의 삶에서 어떤 시사를 얻게 된다. 현실의 부조리와 모순에 몸을 내던지며 광인처럼 살았고, 내면에서 꿈틀대는 고뇌를 삭이며 산, 양심 있는 지식인의 모습을 본다. 어떤 사정으로든 벼슬자리에 나갔으나 수탈하는 수령, 무사안일에 빠진 목민관이 아니라, 평소 그의 꿈의 일부를 펴보려 한 것이다. 그러나 그의 꿈은 국가제도와 묵은 습관 때문에 쉽게 실현되지 못했고, 여러 가지 현실적 제약도 받았다. 이런 삶의 모습과 현실인식은 그의 많은 저술에서도 여실히 나타나고 있다.

1798년(정조 22) 정조는 수령들과 선비들에게 농업정책에 대해 각자 의견을 내라고 했다. 토지제도가 문란해 국가재정과 농민의 생활이 극도로 악화되어 새로운 전기를 마련해야 했기 때문이다. 이에 박지원은 앞에서 든 것처럼 이듬해에 이에 대한 의견(『과농소초』)을 냈는데, 이것이 얼마만큼 조정에 반영되었는지는 알 수 없다. 『과농소초』에 대한 언급은 당시 자료에는 없으며 정조가 보았다는 기록 역시 없다(김용섭, 『조선후기농업사연구 I』, 「18세기 농촌 지식인의 농업관」).

그러나 여기서 박지원은 농업 전반에 대한 정책을 건의하면서 그 개혁의 중심을 '토지겸병'에 두고 있었다. 『과농소초』 중 「한

민명전의限民名田議」 항목에서 "농사꾼들이 하는 말로, 1년 내 부지런히 농사지어도 소금 값도 안 된다"는 말이 있다고 지적하고, 이들에게 아무리 농사짓는 법을 잘 일러주고 부지런히 농사지으라고 한들 아무 실효가 없을 것이라고 말했다.

땅을 가진 자영농이 열에 한둘도 되지 않는데, 그들마저도 뼈빠지게 농사를 지어야 겨우 먹고살 정도라 했다. 그런데 이들은 조세를 바치고 지대를 내고 농비를 부담해야 한다. 그러다가 가정에 큰 일이 있거나 흉년이 들거나 하면 유리걸식할 수밖에 없다고 했다. 박지원은 이런 참담한 농민의 생활은 우선 토지겸병에 원인이 있다며 이렇게 지적했다.

> 저 겸병하는 호부豪富들은 가난한 농민의 땅을 강제로 사들인 것이 아니라 하루아침에 모두 차지하게 된 것이다. 부유하고 강한 자산에 의지해 가만히 앉아 있기만 하면, 온 동네의 땅을 팔기를 원하는 자들이 스스로 토지 문서를 가지고 부잣집 문 앞으로 몰려온다. 입고 먹는 것 말고도 길흉대사가 없을 수 없기 때문이요, 혹 빚 독촉에 압박을 받거나 혹 모리牟利와 미납된 세금에 쪼들리고 쪼들려서 어떻게 해볼 방도가 없을 적에 땅을 팔 수밖에 없다.……

결국 토지의 겸병이 확대되어 빈부의 격차가 심하게 됨을 말한 것이다. 그리고 이렇게 말했다.

> 내가 어떤 사람의 집안 몇 세대를 보니, 할아버지·아버지의 땅

을 잘 지켜 팔지 않고 남에게 준 것이 열에 다섯이요, 해마다 땅을 떼어준 것이 역시 일곱 여덟인데도(소작 또는 자식들에게 갈라주는 상속 따위로) 그 땅이 하나도 줄지 않고 있으니, 그들이 이익을 독점해 더욱 점유하고 있음을 알 수 있다.

이것은 한번 일정한 대토지를 점유하면 그 이익으로 더 많은 토지를 확대 점유하는 현실을 지적한 것이다. 그러므로 이에 대한 대책으로 국가제도를 바꾸어, 토지 점유에 제한을 가해야 한다는 것이다. 한 가구가 일정한 토지 이상을 소유하지 못하게 하고, 혹 부호들이 숨겨 기록할 적에는 이를 적발해 몰수해야 한다고 했다.

따라서 "토지의 제한이 있은 뒤에야 토지의 겸병이 그치고, 토지의 겸병이 그친 뒤에 산업이 고르게 발달하게 되고, 산업이 고르게 발달한 뒤 농민이 모두 토지에 안착해 땅을 갈 수 있어야 부지런함이 나타나게 되고, 부지런함이 나타난 뒤에야 농사를 권장할 수 있고 농민을 가르칠 수 있다"고 결론을 지었다.

아무리 권농을 한들 농토가 없고 농사를 지어도 살 수 없을 적에는 실효가 없다는 것이다. 여기에 토지 겸병을 막아 빈부의 격차를 제도로 보장해야 하고, 이외 국가의 조세, 벼슬아치의 수탈을 막아야 한다는 것이다. 그는 구체적인 통계를 제시하면서 토지 개혁을 도모했고, 이것이 이루어지지 않으면 나라를 어지럽히는 무리가 끊이지 않고 도둑이 계속 일어날 것이라고 경고했다.

그러나 이런 개혁책과 경고는 고루한 벼슬아치와 독점적 특권을 누리던 양반 지배층의 완강한 반대로 시행될 수 없었다. 그리고 곧이어 18세기 초기 민중의 전면적 봉기를 맞게 된다.

그러면 특권지배층인 양반을 정점으로 하는 사회 신분제에 대한 그의 견해는 어떠했는가? 실제 봉건 왕조는 토지제도와 신분제도는 불가분의 관계에 놓여 있다. 다시 말해 신분제적 특권은 토지 등 경제적 부를 누리는 지름길이 되기 때문이다.

박지원은 이런 점에서 양반을 여지없이 매도했다. 그는 「양반전兩班傳」에서 양반을 한 마리 좀으로 단정하고 아무 쓸모없는 인물로 묘사했다. 양반을 위선에 가득 찬 인물로 그리면서, 근면한 산업 활동을 통해 부를 축적한 사람은 이 따위 양반은 되지 않는다고 말한 것이다.

그도 양반 신분이었으나 선비를 자처하면서 선비의 소임을 말했다. 직접 생산 활동에 참여하는 것보다 실제 경험에 의해 생산 계층을 지도하고 이끌 임무가 결국 지식인에게 주어졌음을 알게 된 것이다. 다만 '선비'의 지식이 산지식이어야 함을 강조했다.

「양반전」에서 그는 "글을 읽으면 선비라 하고, 선비가 벼슬자리에 나가면 대부가 된다"고 했다. 글을 읽어서 아랫자리의 농사꾼, 장이, 장사치들을 이끄는 것이 선비의 소임이긴 하지만, 벼슬을 해 나라와 사회의 일에 참여할 수도 있으므로 신분상으로는 양반에 속하기도 한다. 이에 대해 이우성은 이렇게 지적했다.

사는 농·공·상과 더불어 사민의 하나라고 했지만, 사대부로서의 지위는 농·공·상과 동렬의 것이 아니다. 기실 사는 농·공·상에 대한 지배계급이다. 적어도 이조 초기에 있어서는 이것이 하나의 체제로서 보장되었다. 비교적 공평한 과거의 선발시험을 통해서 능력이 있는 대로 정치에 참여할 수 있는 기회가 일반 사대부에게 균등하게 주어져 있었기 때문이다.

『한국의 역사상』「실학연구서실」

박지원은 독서하고 계몽하는 역할의 선비에 초점을 맞추고 있었던 것으로 보인다.

무릇 선비는 아래로는 농·공·상에, 위로는 왕공王公에 벗할 수 있으니, 지위로 말하면 등급이 없는 것이요 덕으로 말하면 아름다운 일이다. 한 선비가 글을 읽어 덕택을 온 천하에 미치게 하면, 공적이 만세에 드리우게 된다.

『연암집』「원사」

그러고는 당시 선비의 폐습을 이렇게 말했다.

선비는 성명性命을 고담高談하면서 경국제세를 빠뜨리거나 부질없이 문장이나 숭상하면서 바른 정치는 베풀 줄 모른다.

이어 선비의 구체적 소임을 이렇게 밝혔다.

사의 학은 실로 농·공·상의 이치를 포괄한다. 이 세 가지 업은 반드시 사를 기다린 뒤에야 이루어지게 되는데, 무릇 농사를 밝히고 상업을 통하게 하고 공을 베풀게 하는 것이다. ……생각하건대 후세에 농·공·상이 업을 잃게 된 것은 곧 사가 실학이 없었던 잘못에서 말미암은 것이다.

『과농소초』「제가총론諸家總論」

문학을 통해 신분제 철폐를 주장하다

그가 도덕군자라고 자처하는 허위에 찬 북곽 선생을 여지없이 능멸하고(「호질문」), 허생 같은 실질의 인물을 높이 쳤던 것(「허생전」)은 이런 그의 견해의 일단을 나타낸 것이다.

성명이나 외쳐대며 공리공담에 빠져 있는 성리학자들을 아무 쓸모없는 인물로, 실질 있는 학문으로 민중의 문제에 파고드는 실학을 삶의 이념으로 내세웠다. 그는 '사'의 역할을 유형원보다 더욱 구체화시켰다. 그러기에 소설을 통해 농사꾼, 장사치, 장이들을 부각시켰고, 불우하고 찌든 인물들을 주인공으로 삼아 신분제적 질서를 비꼬았던 것이다.

「마장전馬駔傳」에서는 비렁뱅이로 떠돌며 저자에서 광인처럼 노래 부르고 다니는 세 사람을 등장시켜 참된 우도友道를 논하게 했다. 당시 덕 있는 군자인 척, 교양 있는 양반인 척 거들먹거리며 권세나 낚고, 명예나 움켜쥐고, 이익이나 차지하려는 위선자의 모습을 이들을 통해 마음껏 풍자한 것이다.

「예덕선생전穢德先生傳」에서는 똥을 쳐 서울 근교의 채소밭에 나르는 노동자를 등장시켰다. 엄행수는 비록 똥을 치지만 건실한 생활태도와 성실함은 곧 가장 훌륭한 삶의 구현자임을 찬양하고 참된 친구가 될 것이라고 말하면서, 그 덕을 높이 사서 '예덕'이라 한 것이다. 손 하나 까딱 않고 덕 있는 체하는 양반을 꾸짖은 것이다.

「민옹전閔翁傳」에서는 민옹이라는 영특하고 슬기로운 무관 출신의 기인을 등장시키고 있다. 당시 무반을 깔보고 문반을 위주로 하는 관인사회에 대한 풍자, 특히 놀고먹는 양반을 메뚜기로 비유하는 필치를 보이고 있다.

「광문자전廣文者傳」에서는 거지 출신의 광문이라는 사람을 등장시켜, 그의 성실과 정직과 능력을 말하면서 이런 표본적 인간이 인간 대접을 못 받는 사회를 꾸짖고 있다.

「김신선전金神仙傳」에서는 신선이 되어 세상을 피해 사는 인물을 통해 불우한 인사가 사회를 등지고 사는 분위기를 그리고 있다.

「열녀함양박씨전烈女咸陽朴氏傳」에서는 남편을 따라 죽은 열녀의 이야기를 통해, 당시의 열녀를 강요한 사회 모습을 그리고 있다.

새파란 나이에 혼자되어 오래 세상을 살아가자면, 길이 친척들의 가엾이 여기는 바가 되고, 이웃사람들의 못된 억측에서 벗어나지 못할 것이며, 얼른 이 몸이 없어지는 것만 같지 못하다고 생각했으리라.

그는 이렇게 말하면서 성욕에 몸부림치며 그것을 억제하기 위해 가엾은 노력을 하는 늙은 과부의 이야기를 앞에 기록해 수절의 강요를 풍자하고 있다.

이렇듯 그의 작품의 소재는 하층민의 문제이다. 곧 신분제도의 철폐를 우회적인 수법으로 주장한 것이다. 그리고 양반지배층이 아무 쓸모없는 유식배遊食輩임을 강조하고, '사'의 소임이 신분제적 특권이 아닌 민중을 이끌고 계도하는 것임을 내세우고 있다.

그는 양반의 곁가지인 서얼의 금고에 대해서도 그 부당함을 말하고 있다. 「의청소통소擬請疏通疏」 앞에는 "하늘이 재주를 내릴 적에 신분에 따라 달리한 것이 아니다"라고 말하며 "우리나라에서 서얼을 폐고廢錮한 지 3백여 년이 되었는데, 크게 어그러진 정사가 이보다 지나친 것이 없었다"고 했다.

이것은 인간에게 있어 기회의 균등을 말한 것이요, 모든 정사 중에 서얼 금고가 가장 잘못된 법임을 말한 것이다. 그리고 부계를 중시하는 것이 문벌인데도, 서얼에 있어서만은 모계 위주로 따지고 있는 것은 크나큰 모순이라 했다. 여기서 그는 여러 가지 사례를 들어 부당함을 지적했다. 이 밖에도 노비계층을 동정했고 무사계층을 옹호했다.

그러나 토지제와 신분제에 있어 그의 견해에 관해 두어 가지 한계를 지적하지 않을 수 없다.

첫째, 토지제에서 겸병과 독점을 막아야 한다고 했으나, 국가소유의 토지, 곧 궁방전宮房田(왕자나 공주에게 딸린 토지)이나 공방전公

房田(관아에 딸린 토지) 등에 관해서는 지적한 것이 없다. 그리고 대토지 소유의 하나였던 사전寺田(절 소유의 토지)에 대한 언급도 전혀 없다.

둘째, 신분제에 있어 노비문제에 대한 정확한 진단이 결여되어 있었다. 노비문제야말로 양반 특권을 배제하고 국가의 재정과 군역에 있어 가장 당면한 중요과제였음을 생각할 필요가 있을 것이다.

우리나라는 전통적으로 농업중심사회였다. 역대로 국가에서 농업을 가장 장려했고 농업 생산품이 바로 국가의 부가 되고 재정의 중심이 되었다. 이 때문에 농업을 권장하는 왕의 윤음綸音이 때마다 반포되었고, 수령들이 해야 할 칠사 중에 농상農桑이 첫 자리를 차지했다. 그야말로 '농자천하지대본'이라는 의식이 모든 사람들에게 짙게 깔려 있었다. 농사의 수확은 토지에 따라 한정되었던 탓으로, 조정이나 목민관은 언제나 검약을 내세웠다.

특히 18세기 중농주의를 제창한 경세치용학파經世致用學派에 속하는 실학자, 그 중에서도 성호 이익은 부국강병과 민생의 윤택을 위해서 검약을 제일의 방법으로 내세웠다. 그는 하루 한 끼를 먹고 견뎌야 한다고까지 주장했다. 따라서 농업중심사상은 상공업을 말리末利로 보아 천시했다. 이것은 중국에서도 그러했지만 우리나라가 더욱 심했다.

그러나 이용후생학파利用厚生學派에 속하는 실학자, 그 중에서도 박지원, 박제가는 상업과 공업의 발달이 있어야 부국과 민부民富가 이룩된다고 주장했다. 곧 명농明農·통상通商·혜공惠工으로 균형 있는 발전이 있어야 한다고 본 것이다. 이 주장을 '이용후생'이라 했는데, 사물을 잘 써서〔利用〕 삶을 풍요하게〔厚生〕 한다는 것이다. 그렇다고 농업을 경시하는 것은 아니다. 농업을 기초로 해 유통과 교역, 기술 개발이 뒷받침되어야 한다는 것이다. 이것에 대해 이우성은 이렇게 쓰고 있다.

> 농업주의 운운해……농민의 생활은 경전이식耕田而食하고 직포이의織布而衣하면 될 뿐이며, 화폐의 유통조차 필요하지 않다고 생각할 정도였다. 이에 반해 상인·수공업자들은 이윤의 추구와 아울러 더욱 자기 신장을 요구하고 있었으며, 또한 그것은 너무나 당연한 것이었다. 진작 그것을 이해하고 지지한 것이 연암 그룹이었다. 연암 그룹은 평소 그들의 견해도 그러했거니와 중국여행을 통해 당시 중국인의 물질생활, 특히 부유한 생활수준과 조리 있는 생활양식을 목격한 후에 더욱 각성된 바가 많았던 것이다.
>
> 『한국의 역사상』「실학파의 문학과 사회관」

북학파의 대표적 문사

상공업세력은 17세기 후반부터 국가의 지원 없이 독자적으로 크게 신장했다. 다만 정조의 통공通共정책이 실행되어 상인과 장인의 활동을 넓혀 주었을 뿐이다. 그들은 지역 간의 교역, 시장경제의 확대, 가내수공업에서 상품수공업으로의 전환을 도모했다. 이것은 특산물의 교환이나 특정지역에 모자라는 상품을 공급하는 효용성이 있었던 탓이다. 이런 현실 조건을 박지원 일파는 민감하게 파악하고, 도시적 분위기 속에서 사무역私貿易과 사공업私工業을 주장한 것이다.

그리고 청나라에 왕래하면서 실질적인 생활태도와 산업규모를 목격하고 그것을 배워야 한다고 역설했다. 당시 조정에서는 존명배청의 정책을 내걸어 의례적으로만 청나라에 굽실거렸고, 내면으로는 오랑캐라고 얕보아 그들의 문물을 배우려 하지 않았다. 이에 박지원 일파는 이런 조정의 정책에 반대해 청의 문물을 도입해야 한다는 이론을 편 것이다.

이들은 이러한 주장을 책으로 펴냈다. 홍대용의 『담헌설총湛軒說叢』, 박지원의 『열하일기』, 박제가의 『북학의北學議』 등이 그것이다. 그래서 이들을 북학파라고 불렀다. 부르기는 달리했을지언정 그 뜻에 있어서는 '이용후생'이나 '북학'이 같다.

박지원의 생에 있어서 후반기는 현실참여를 통해 개혁을 이룩하려는 의지가 짙게 깔려 있었다. 그는 쉰 살이 넘어 벼슬살이에 나와 마지막으로 양양부사를 지냈다. 양양부사로 1년도 채 복무하지 못하고 건강이 악화되어 사직했다. 몸은 비대했고 눈은 사물을 볼 수 없을 정도였다.

그는 김씨 문벌정치 아래의 벼슬자리에 있으면서 자신의 개혁사상을 제대로 반영할 수 없었을 뿐만 아니라 바쁜 벼슬살이에서 그의 사상적 체계를 발전시키지도 못했다. 그리하여 만년에는 붓끝이 흐려져 있어서 개량적·타협적 수준에 머물렀다는 평가를 받는다. 그렇지만 여러모로 따져 박지원을 북학파의 대표적인 문사 또는 실학사상가로 꼽고 있다.

그의 묘소는 장단의 송서면 대세현 언덕바지에 있었으나 현재 북한 땅이어서 그 형편을 제대로 알 길이 없다.

박제가
중상론을 주창한 서얼 출신의 개혁가

규장각 검서로 발탁되다

초정楚亭 박제가朴齊家(1750~1805)는 신방이 차려진 뒤 빨리 들라고 어른들이 권했으나 도무지 신방에 들어가기가 멋쩍었던 모양이다. 그는 말을 타고 나와 탑골 주변을 어슬렁거리며 한 바퀴 돌았다. 종로에서 말을 멈추고 술청에 들어가 술을 몇 잔 마시고 유득공, 이덕무 같은 벗들을 차례로 방문한 뒤 탑골 뒤 골목에 있는 박지원의 사립문을 두드렸다. 그는 스승 박지원에게 절을 하고 물러나와 신방을 찾아들었다.

박제가가 찾아간 사람들은 뒷날 역사에서 북학파라고 부르는 인사들이었는데 이들은 대부분 탑골 주변에 살고 있었다. 그래서 박지원이나 이덕무의 집에 모여 학문을 토론하기도 하고 이집

저집을 찾아가 회포를 풀기도 했는데 대부분이 불우한 서자들이었다. 당시 서자들에게는 벼슬길이 막혀 있었고 더러 벼슬을 얻더라도 중인직에 머물러 있어야 했다. 그러니 아무리 뛰어난 식견과 재주를 지녔더라도 그것을 발휘할 기회가 없었다. 이런 부당한 차별대우를 매도한 박지원은 서자들의 우러름을 받았다.

박제가는 우부승지를 지낸 박평의 서자로 태어났다. 어머니는 기생이었는지 천비였는지 알려져 있지 않으나 위로 누이 하나가 있었다. 어릴 적에 네 살 위인 누이에게서 글을 배웠고 그 총명은 주위의 촉망을 받았다. 그의 가문은 밀양 박씨로 대대로 벼슬을 누린 명문이었으나 조선 왕조의 신분차별은 서자인 그의 출셋길을 막고 있었다. 그의 시를 보면 그는 누이로부터 많은 감화를 받았다.

그에게 닥친 첫 불행은 열 살 적에 맞은 아버지의 죽음이었다. 비록 서자이기는 하지만 육친의 정은 끊어지는 것이 아닐진대 아버지의 죽음은 그의 가정에 커다란 풍파였다. 첫째, 서자에게 유산이 극히 적게 주어지는 제도 탓으로 생계의 길이 막연했다. 둘째, 가정에서 그들 모자를 감싸주는 보루가 아버지의 죽음으로 무너진 것이다. 이런 까닭으로 그의 가슴은 서러움과 소외감으로 더욱 미어졌다.

그러나 어머니는 삯바느질로 연명해가면서 남매를 키워냈다. 어머니는 북촌의 대갓집에서 가져온 옷감을 밤새워 바느질한 삯으로 호구糊口는 물론 가끔 아들 친구들을 초대해 술과 안주를 정성껏 대접해 아들의 기를 살려주었다. 이런 어머니와 누이의 정성으로 그는 글을 읽을 수 있었고 그림과 글씨를 연마할 수 있었다. 그는 소년시절에 이미 명성을 날려 장안의 명사가 되었다. 그리하여 박지원 등의 명사들과 어울릴 수 있었다.

그는 그림과 글씨 그리고 시로 자신의 처지를 달래면서 세월을 보냈으나 우울한 감정을 쉽게 삭일 수 없었다. 그는 늘 『초사楚辭』를 읽었다. 중국 남쪽 출신의 불행한 시인 굴원屈原이 읊조린 애절하고 감상 어린 노래 「이소경離騷經」을 읽고 또 읽었다. 그리고 자신의 호를 초정楚亭이라 했다. 초나라의 노래를 읊조리는 정자라는 뜻일까?

　그러나 늘 이런 감상에만 젖어 있었던 것은 아니었다. 그는 박지원 일파와 어울리면서 현실의 모순을 익히 알았고 경국치세의 학문에 눈을 떴다. 나라의 잘못을 바로잡으려 했던 신라의 최치원, 조선 왕조 전기의 조헌을 추앙하면서 자기보다 앞선 개혁주의자들을 사숙私淑했다. 그리하여 소년기를 벗어날 즈음에는 나름대로 경국의 방책을 세우기에 골몰해 있었다.

　정조는 새로운 학풍을 진작시키고 당론이나 벌이는 벼슬아치들의 기풍을 바로잡기 위해 규장각을 설치했다. 정조는 능력 있는 서자들이 나라의 쓰임을 받지 못하고 버려지는 풍토에도 관심을 기울였다. 그리하여 규장각에 검서檢書라는 직책을 두고 서자들을 기용했는데, 이에 박제가 등 네 명이 발탁되었다. 비록 검서는 실무책임자격이었으나 임금을 늘 가까이하며 학문을 토론하고 책을 검토·정리하고 시정의 방책을 건의하는 중요한 임무였다.

　검서가 된 박제가는 재주와 능력을 한껏 발휘할 수 있었다. 규장각에 소장된 많은 책을 밤낮을 가리지 않고 읽었고 동료 학자들과 끊임없이 토론을 벌였다. 그뿐만 아니라 후한 녹봉을 받으며 가난을 벗어날 수 있었기에 조정에서 물러 나와서는 탑골 주변에 모여 술과 시로 즐거운 나날을 보낼 수 있었다. 아마도 박지원에게 베푼 술대접은 검서들이 한때 도맡았으리라 짐작된다.

부국강병의 중상주의를 제창하다

그는 규장각에 들기 전 해인 1778년(정조 2) 명신 채제공이 북경에 사신으로 갈 적에 수행원으로 다녀왔다. 이때 홍대용 등 선배들과 교유했던 반정균 등을 만나 많은 대화를 나누었다. 그리고 이때의 견문을 정조에게 소상하게 알려주기도 했다. 정조는 편법을 써서 그를 가승지假承旨(임시로 준 승지)로 임명해 시정에 참여시키기도 했다. 편법을 쓴 특별한 배려였다. 그는 임금에게 북학을 배워야 한다고 건의했다. 청나라를 오랑캐라고 해 그들의 문물을 외면해서는 부강한 나라를 이룩할 수 없다고 주장한 것이다.

그는 청나라에 다녀와서 이용후생을 위한 방책으로 『북학의』를 썼다. 그는 통틀어 네 차례 북경에 다녀왔는데, 동료 유득공, 이덕무 등과 동행하기도 했다. 이 경험을 종합해 북학사상이 배태된 것이다.

지금 백성의 생활이 날마다 곤궁해지고 나라의 재용財用이 날마다 궁핍해지고 있다. 그런데도 사대부들은 소매에 손만 끼고 앉아서 이를 구해보려고 하지 않는다.

『북학의』의 서문에서 이와 같이 밝힌 그는 먹고 번둥거리는 유자遊子들만 늘어나고 상업을 천시하는 풍토를 바로잡아야 한다고 주장했다.

그리고 양반 유자들을 도태시켜 생산계층으로 전환시키고 상

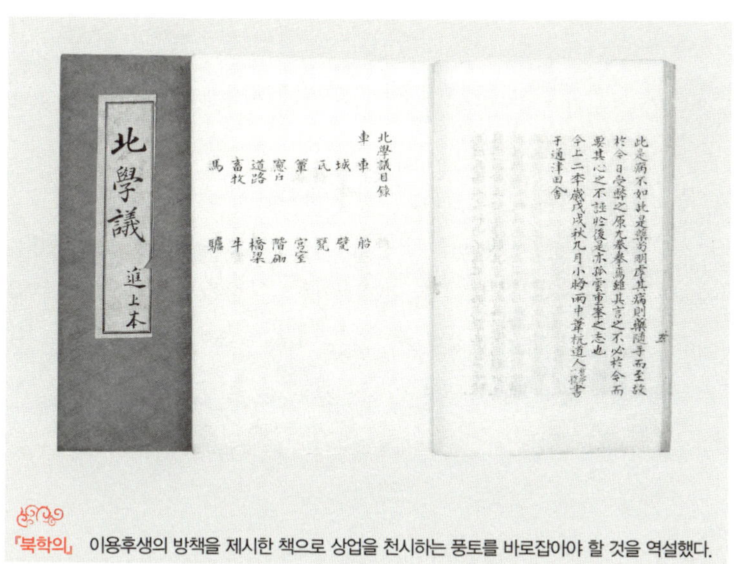

『북학의』 이용후생의 방책을 제시한 책으로 상업을 천시하는 풍토를 바로잡아야 할 것을 역설했다.

공업을 국가적으로 장려해야 한다고 말했다. 구체적으로 나라 안의 상업을 진흥시켜 전국적으로 시장을 확대시키고 외국과의 무역을 장려하되 외국의 수입품은 금지해야 하며, 자본의 기본이 되는 은의 유출을 막고 물가를 고르게 통일하고 균일하게 조정해 신용경제를 이룩해야 한다고 했다.

천시하는 상업의 중요성을 거듭 강조하면서 상업을 주축으로 농업·공업을 국가적 차원에서 지원해야 한다고 주장했다. 또한 상품화폐경제의 중요성을 강조했는데, 소비와 사치가 생산을 돕는다는 이론도 내놓았다. 그의 방책에는 과거제도·국방제도 등 국가제도에 대한 개선책, 존주론尊周論 등의 국가이념, 장론葬論 등의 풍속과 습관에 관한 것들도 들어 있으나 그 중심은 어디까지나 사회경제적인 문제를 위주로 다루었다. 그리고 한족을 높이고 여진족을 깔보는 풍토와 풍수설에 따라 명당을 찾는 장례 풍습을 심하게 매도했다.

일상생활의 개선을 과학적 차원에서 다루고, 도로·교량·성곽·마차·배 등의 제도를 개혁하거나 정리해야 한다고도 했다. 이처럼 그의 주장은 매우 구체적이었다. 이러한 주장은 왕의 관심은 끌었으나 국가정책으로 시행되기에는 현실에 안존하는 보수 세력들이 조정에 너무나 많이 도사리고 있었다.

정조의 죽음과 유배

10여 년 동안 임금 곁에서 일을 보면서 그는 시력을 잃었다. 왼쪽 눈은 사물이 전혀 보이지 않아 안경을 써도 소용이 없었다. 많은 책을 읽다가 눈을 상한 것이다. 이어 오른쪽 눈마저 희미하게 보였다. 그의 나이 40대 초반. 자신의 불행임은 물론 이 나라의 개혁을 위해서도 불행한 일이었다. 이럴 적에 그에게 부여현감이라는 외직이 주어져 임금 곁을 떠나야 했다.

두 차례나 그의 북학이론에 크게 관심을 보여주었던 정조는 왜 그를 외직으로 돌렸을까? 이는 그를 승진시킨 셈이다. 그런데 무슨 연유인지 현감이 된 지 2년 뒤 그는 임금 앞에서 무재武才 시험을 보는 춘당대무과별시春塘臺武科別試에 응시해 장원을 했다. 그리하여 오위장五衛將이라는 직책을 받았다. 천하에 뛰어난 문사가 무장이 된 것은 무관을 천시하는 풍토에 한번 맞서본 것일까, 아니면 스스로 무재도 있다는 것을 뽐내본 것일까? 정조의 뜻은 다른 데 있었다.

그는 1년쯤 무관을 지낸 뒤에 다시 외직을 받아 영평현령이 되었다. 그는 현령으로 있으면서 왕명을 받들어 다시 『북학의』를 간추려 『진북학의進北學議』를 완성했다. 그러나 얼마 뒤 정조는 죽고 만다. 다시 『북학의』를 올리라는 뜻은 어떤 연유일까? 그의 주장을 받아들여 일대 개혁책을 내려는 마음이 정조에게 있었다면 정조의 죽음은 참으로 안타까운 일이다.

정조가 죽자 사정이 달라졌다. 그는 1801년(순조 1) 네 번째로 청나라에 다녀왔다. 그리고 그의 북학이론은 더욱 원숙한 경지에 이르게 되었다. 그러나 그에게는 정치적 탄압이 기다리고 있었다. 순정왕후 친정붙이인 김씨들은 정조의 측근세력인 남인 시파를 몰아내고 정권을 잡으면서 천주교를 구실로 삼아 탄압을 가했다. 그 중에서 임시발은 무고를 동원해 박제가가 흉서를 돌렸다는 혐의를 씌워 종성으로 유배를 보냈다. 그가 북학을 열렬히 주장했고 정조의 두터운 신임을 받았다는 것이 유배의 음모를 만들어냈지만 그래도 목숨을 건진 것만은 다행이라면 다행이었다.

4년의 유배생활을 보낸 그는 1805년에 비로소 풀려났다. 그는 귀양살이에서 풀려난 지 한 달 남짓 가족과 지내다가 죽음을 맞이했다. 나라의 부강을 위해 중상주의를 제창했던 개혁가 박제가는 이렇게 압제와 핍박을 받으며 생을 마쳤다.

그는 북학에 빠진 나머지 청나라 말을 써야 한다는 과격한 주장을 편 적도 있었다. 그러나 전체적으로 볼 때 부국강병을 추구해 후기 개화파들에게 전해졌다.

그의 묘소는 광주 암현에 초라한 모습으로 자리 잡고 있으나 그의 글씨와 그림은 많이 보존되어 향기를 뿜어내고 있다.

정약용
다산학을 이룬 목민철학의 기수

정조의 두터운 신임을 받다

1801년(순조 1) 천주교 신자들이 모진 탄압을 받고 있을 때였다. 다산茶山 정약용丁若鏞(1762~1836)의 형제들도 끌려가 몽둥이찜질을 받았다. 특히 형 약전과 약종이 주요 인물로 지목되어 그에게 집중적으로 심문을 퍼부었다. 형관刑官들은 오고간 편지에 나타난 괴수가 형 약종이 아니냐고 물었다. 참으로 난감한 일이었다. 이에 대해 그는 이렇게 대답했다.

당상堂上(당시의 심문 담당관)이 그 편지를 보았다면 알 것이 아니오? 위로는 임금을 속일 수 없고 아래로는 형을 증언할 수 없소이다. 나는 오늘 죽음이 있을 뿐이오. …… 동생으로서 형을 증언할 수는 없소.

『추안급국안推案及鞠案』정조년조

위증을 하면 임금을 속여서 불충이 되고 사실대로 말하면 형을 고발하는 불륜이 되는 것이다. 이 말을 두고 세상 사람들은 불충 불륜에서 벗어나지도 않고 결코 거짓도 아닌 명답이라고 칭송해 마지않았다.

형 약종이 죽고 매부 이승훈도 죽었으나 그는 살아남아 강진에서 18년 동안 귀양살이를 했다. 오랜 귀양살이 중에『목민심서』,『경세유표經世遺表』,『흠흠신서欽欽新書』등 많은 저술을 남겨 이 땅의 첫손 꼽히는 개혁사상가가 되었다.

북한강과 남한강이 갈라지는 양수리 위쪽 마재는 정씨들의 세거지였다. 이 마을 목사의 막내아들이 바로 우리의 위대한 스승이요 세계적인 학자인 정약용이다. 정약용이 태어날 즈음에는 비교적 나라가 평온했다. 비록 때때로 흉년이 들고 역질이 돌았지만 영조의 탕평책으로 당쟁이 그리 심하지 않았고 외침도 별로 없었다.

이런 시대에 태어났으니 그의 생애가 평탄했을 법도 하고 또 뛰어난 재주와 인품을 지녔으니 출셋길이 탄탄했을 법도 했다. 그러나 세상일은 점칠 수 없는 법이다. 상식과는 엉뚱한 방향으로 흘러갔다. 그는 세 형들 밑에서 여러 지식을 넓혔고 좀 더 자라서는 강 건너 양평에 사는 권철신에게 가서 학문을 익혔다.

그리고 광주에 사는 이가환에게서 학문의 깊이를 다지기도 했다. 권철신이나 이가환은 모두 당시의 쟁쟁한 실학자들이었고 성호 이익의 제자들이었다. 정약용은 이들에게서 성호학星湖學에 접근해 이익의 실학적 사상을 사숙하기 시작했다. 정약용의 실학정신은 이익을 사숙함으로써 단초를 열어가게 되었다.

소년시절에는 아버지 정재원이 지방수령으로 다니자 아버지를 따라 진주지방에서 살기도 했는데, 이때부터 지방행정을 몸소 겪게 되었다. 스무 살 때 과거에 합격해 성균관의 유생이 되었다. 정조는 성균관의 유생들에게 늘 시험을 보였는데 이때에 그에게 『중용』을 내려주고 이를 강의하게 했다. 정약용은 임금 앞에서 막힘없이 강의해 임금으로 하여금 감탄하게 했다. 호학의 군주 정조는 이때 정약용을 앞으로 중용하리라고 마음먹었다.

다음해에 그는 형수의 초상을 치르고 한강에서 배를 타고 서울로 들어오면서 이벽에게서 처음으로 서학에 관한 말과 서양의 과학지식에 대한 설명을 들었다. 그는 수표교 옆에 사는 이벽의 집에서 많은 서양서적을 접하고 상당한 과학지식을 쌓기도 했다.

1789년(정조 13) 마침내 알성시에 급제해 첫 벼슬길에 나서게 되었다. 그는 사헌부 지평, 사간원 정언 등의 언관이 되어 임금에게 여러 정책을 상주하고 간언을 하는 소임을 맡았다. 정조는 젊고 재기 발랄한 정약용을 측근에 두고 어려운 일이 있을 때마다 자문을 구했다.

정조는 원통하게 죽은 아버지(사도세자)를 찾아 매년 몇 차례에 걸쳐 수원의 능행길에 올랐다. 이때 한강에는 배다리가 놓였다. 정약용은 이 배다리 설치를 맡게 되었고 이 일을 훌륭히 해냈다.

이어 사도세자를 기리기 위해 수원성을 쌓을 적에 설계도와 기구를 만드는 일 또한 그가 맡았다. 그는 일꾼들이 무거운 돌을 힘겹게 지고 올리는 것을 보고 기구의 발명에 골몰했다. 또한 기하학적 방법으로 성의 거리, 높이 따위를 측량해 가장 튼튼하고 단단한 성을 쌓기 위해 연구했다. 마침내 그는 거중기와 활차滑車(도르래), 고륜鼓輪(바퀴달린 달구지) 따위를 발명해 성의 역사에 써먹었다. 정조는 성을 둘러보고 감탄하며 이렇게 말했다. "거중기를 써서 돈 4만 냥을 절약했구나."

이때부터 그에 대한 정조의 신임은 움직일 수 없게 되었다. 그를 암행어사로 보내기도 하고, 규장각 학사나 승지 등을 맡기면서 늘 옆에 두었다. 이때 전해지는 말로는 정조는 영의정인 채제공의 뒤를 이을 인물로 장년층의 이가환, 청년층의 정약용을 꼽고 있었다고 한다. 참으로 그 임금에 그 신하가 만난 것이리라.

천주교 신자로 지목되다

그러나 그의 탄탄한 앞길을 가로막는 세력들이 있었다. 1791년은 정약용이 정조를 만난 지 9년째로 접어든 해였다. 진산의 천주교도 윤지충이 부모의 제사를 지내지 않는 사실이 탄로나 서학에 대한 옥사가 일어났다. 목만중, 이기경 등이 이 기회를 이용해 서학의 강독에 참석하고 서학을 받드는 이가환, 이승훈, 정약용 등을 몰아 잡으려 했다. 정약용이 벼슬길에 발을 들여놓

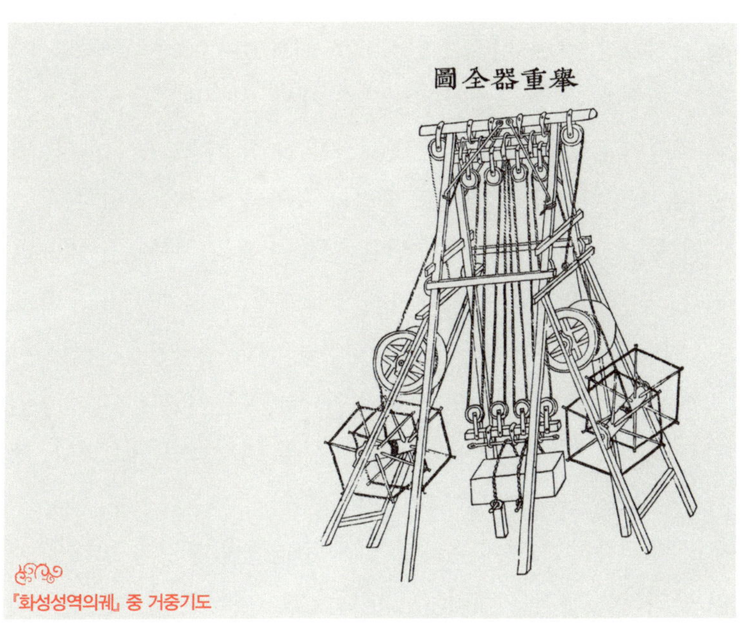

『화성성역의궤』 중 거중기도

은 후 첫 번째 맞는 시련이었다.

　그는 문초를 받을 때 서학의 책을 읽었음을 솔직히 시인했으나, 서학을 믿지 않았음을 밝혔다. 정약용은 무사했지만 그를 몰아내려던 이기경이 도리어 경원으로 귀양을 가게 되었다. 이럴 즈음 아버지가 죽어 그는 벼슬자리에서 물러나 3년의 복상을 치렀다. 그리고 조정에 나와 참의의 벼슬에 있었다. 그런데 새로운 사단이 일어났다.

　1794년에 청나라 신부 주문모가 잠입해 포교활동을 벌이자, 목만중은 또다시 정약용 일파를 걸고 들었다. 두 번째 시련인 셈이다. 정조는 반대파를 완전히 꺾어 누를 수 없음을 알고 정약용

을 금정찰방金井察訪이라는 한직으로 내보냈다. 그는 천주교도가
많은 홍주 아래 한 고을의 찰방으로 가서, 천주교도들을 잘 효유
해 조정의 금령을 어기지 말고 제사를 잘 받들라고 권고했다. 몇
달 뒤 그는 다시 임금 옆으로 불려와 승지의 벼슬을 받았다.

이 무렵 정조는 백성의 수탈을 일삼는 관리의 부정을 막으려
무척 고심하고 있었다. 그래서 수령들에게 그 방책을 올리게 했
다. 이때 정조는 자신이 가장 신임하는 신하 정약용을 곡산부사
로 보냈다. 곡산은 민란이 자주 일어나는 고을이었다. 그는 부임
이후 조세와 부역을 공평히 하고 옥사를 너그럽게 다스렸다. 명
목민관으로 이름을 처음 떨치게 되었다.

정조는 특히 그에게 황해도 일대 수령들의 부정과 선정을 가
려 올리라는 밀지를 내리기도 했다. 그는 이러한 임무를 훌륭하
게 수행했다. 정조는 또다시 그에게 승지, 형조참의 등을 주어
곁에 있게 했다. 그러나 그가 외직에 있는 동안에도 그에 대한
모략은 끊이지 않았다. 이 무렵 목만중, 이기경 일파의 사주를
받은 조화진이 "이가환, 정약용 등이 서학을 받들면서 역적을 모
의한다"는 상변서를 올렸다. 정약용은 더 이상 반대파들의 모략
을 견디기 어려워 고향 집으로 돌아왔다. 이것이 바로 정약용의
마지막 벼슬길이었다.

어느 여름날 밤, 정약용이 달을 마주하고 앉았을 적에 사립문
두드리는 소리에 귀를 기울였다. 임금이 보낸 심부름꾼이 한서
선漢書選 열 책을 내밀었다. "다섯 권은 집 안에 보관하시고, 다섯
권은 제목을 써서 올리라는 성상의 당부이옵니다."

정약용은 임금의 선물을 받고 감격해 눈물을 흘렸다. 그러나 보름이 지나서 정조의 승하 소식을 들었다. 이제 용은 물을 잃었고 매는 죽지가 부러진 셈이다. 결국 정조와 어우러져 뒤뚱거리는 왕국을 바로잡아보려는 그의 꿈이 좌절된 것이다.

넓은 도량으로 사람을 대하다

그의 성격을 한번 살펴보자. 천재가 흔히 갖기 쉬운 결점은 속단과 경솔함이다. 한번 일을 추진할 적에는 재빠르지만 일이 막히면 나락으로 떨어지는 경우가 많다. 그리고 천재는 다른 사람을 너그럽게 봐주지 않고 지나치게 잘난 체하는 결점을 지니고 있기도 하다.

정약용은 분명 천재였다. 그런데도 그에게서는 이러한 결점들이 나타나지 않는다. 그는 자부심이 강하고 자존에 차 있었지만 결코 싸움에 끼어들거나 남을 비난하지 않았다.

그는 당쟁에 빠지지 않았다. 비록 남인의 가계에서 태어났지만, 그의 조상이 당쟁의 중심 인물이 되지 않았음을 자랑스러워했고, 아들에게도 그런 일에 가담하지 말 것을 당부하기도 했다. 그는 문벌·당색의 타파를 열렬히 주장했고 인재의 고른 등용을 역설했다. 시파로 지목된 자신을 몰아내려는 벽파에 대해서도 비난을 퍼붓지 않았다. 오히려 그들이 소외되었을 적에는 감싸주기도 했다.

그를 늘 못살게 굴던 이기경이 경원으로 유배되었을 적에 그의 동료들은 통쾌히 여겼다. 그러나 정약용은 "아니다. 우리의 재앙이 시작되는 조짐이다"라고 했다. 길게 내다본 판단이었다. 그리고 늘 이기경의 집에 찾아가 그의 가족들을 위로했다. 그뿐만 아니라 이기경의 어머니 상사에는 있는 돈을 다 털어 1천 냥이라는 많은 부조를 내기도 했다. 그리고 아무도 이기경을 상대하지 않자 그에게 남몰래 접근해 다정한 말을 나누기도 했다. 이것은 적을 동지로 만드는 정약용의 국량이요 지도자의 자질일 것이다.

그가 곡산부사로 부임할 무렵, 곡산의 민심이 흉흉해 민란의 조짐이 팽배해 있었다. 그때 곡산에는 이계심이라는 백성이 수령의 부정에 항의해 1천여 명을 데리고 관가에 들어와 따지고 들었다. 이에 관에서 잡아가두려고 하자 사람들은 이계심을 에워싸고 관에 대항하다가 달아났다. 정약용이 부임하는 길에 이계심이 길가에 엎드려 있다가 민막民瘼 10여 조목을 올렸다. 이에 수종들이 이계심을 잡아가두자고 청하자 그는 이렇게 말했다.

관이 모르는 것을 알려주었으니 관을 범한 것이 아니다. 이 같은 사람들은 오히려 관에서 천금으로 사들여야 마땅하다.

그는 이계심을 풀어주고 이계심의 민막 내용대로 문제를 해결했다. 적어도 한 고을의 민막은 말끔히 씻어주었다. 보통의 경우처럼 이계심을 징계했다면 어떻게 되었겠는가. 민란이 일어나고 수령인 정약용은 낙직했을 것이다. 이것은 물론 훌륭한 목민관의 면모이나, 달리 풀이를 하면 앞날을 내다보는 넓은 국량에서 나타난 것이라 말할 수 있다.

대체로 왕조시대의 목민관은 왕권을 대행한다. 따라서 목민관은 오늘날의 군수 같은 행정 책임자와는 권한이나 역할이 사뭇 달랐다. 목민관은 일반 행정 뿐만 아니라 군정軍政(부목府牧 이상)·조세·경찰·사법 일부까지도 왕을 대신해 집행했다. 그래서 수령은 부임하기에 앞서 농상을 잘 관리하고 호구를 늘리고 학교를 일으키고 군정을 잘 다스리며 부역을 고르게 하고 송사를 간략히 하고 부정부패를 없애는 등 수령들이 지켜야 할 칠사를 외워야 했다.

정약용이 곡산부에서 첫 번째 한 일은 면포를 바치는 사람이 보는 앞에서 직접 면포를 헤아려 받았다. 그리고 면포를 재는 자가 규격보다도 두 치나 긴 것을 알아내고 곧 규격에 맞는 치수로 고쳤다.

어느 해에는 곡산 면포 값이 뛰자 관전官錢 2천 냥을 내 값싼 평양 등지에서 면포를 사들여 공납하고, 사온 면포 값만 백성들에게서 거두어들였다. 백성들은 이때 집집마다 송아지 한 마리 값이 저절로 굴러들어왔다. 어찌 면포의 일만일까. 모든 잘못을 바로잡고 민산民産에 힘쓴 탓으로 곡산은 물산이 적은 고을인데도 3년 만에 백성의 살림살이가 윤택해지고 곡산 관아의 재정은 튼튼해졌다. 이것은 그의 목민철학을 위한 첫 실험이었다.

그는 누구를 비난하는 상소를 올린 적 없다. 다만 남들이 자신을 헐뜯으면 자명하는 상소를 올렸을 뿐이다. 이런 그의 성격 또는 처세방법은 18년이라는 긴 귀양살이에서도 여실히 나타나고 있다. 정조가 죽은 뒤 벽파들은 남인 시파를 신서파信西派로 몰아붙여 정약용의 집안은 거의 멸문의 지경에 이르렀다. 그가 비록 관인대도의 도량을 보였으나, 권모술수가 판을 치는 권력투쟁 앞에서는 한낱 쓸모없는 수단에 불과했다.

유배지에서 완성된 불후의 명저들

　정조의 상을 치르고 집으로 돌아온 그는 당호를 여유당與猶堂이라 했다. 이것은 『도덕경道德經』의 한 대목인 "여與함이여, 겨울 냇물을 건너듯이, 유猶함이여, 너의 이웃을 두려워하듯이"라는 글귀에서 따온 것으로, 조심조심 세상을 살아가자는 것이다. 어쩌면 정약용은 이미 폭풍이 몰아칠 정치의 기상도를 알아냈는지도 모른다. 하지만 이런 조심스러움 또한 쓸모없는 처세술이 되고 말았다.

　1801년 신유박해에서 셋째 형 약종은 옥사했고 그는 둘째 형 약전과 함께 기나긴 귀양살이를 떠났다. 반대파들은 그도 죽일 것을 모의했으나 일부 동료들의 노력으로 귀양에 그쳤다. 강진 일대에서 지낸 그의 귀양살이는 단조롭기 짝이 없었다. 그는 그곳 주변의 선비들과 어울려 차를 마시며 담소를 즐겼고, 경세학과 목민학의 정리에 골몰했다. 그러면서 결코 정치 이야기나 조정 이야기는 입 밖에 내지 않았다. 안동 김씨의 문벌정치가 굳어진 조정에서 언제 그에게 엉뚱한 굴레를 씌워 사약을 내릴지 모르는 상황이었다.

정약용은 이 지방 농민들의 참상을 날카롭게 관찰했다. 그리고 암담한 농민의 참상을 몸소 겪고 보았다. 관리의 부정, 조정의 부패와 무능, 민생의 간고艱苦 등을 시로 읊기도 하고 책으로 정리하기도 했다. 이렇게 해서 나온 것이 수령의 부정을 막기 위해 쓴 『목민심서』, 치도의 방책을 제시한 『경세유표』, 공정한 형벌을 위한 『흠흠신서』 그리고 나라를 살찌울 경제관계의 저술들이다. 특히 『목민심서』는 자신이 곡산부사로 있던 때의 경험과 강진의 농촌현실을 겪으면서 쓴 것으로, 불후의 명저로 꼽힌다.

그가 강진에서 귀양살이를 하면서 본 농민의 생활은 부사로 있을 때에 바라보던 농민의 생활과 너무나 판이했다. 보는 감각도 달랐거니와 농촌의 사정 또한 곡산과 강진은 너무나 달랐다. 강진지방은 삼남의 쌀을 서울로 실어 나르는 조운의 중심지였고, 관리의 수탈이 가장 질기게 행해지던 곳이었다. 그러니 그의 고향 마재에서는 볼 수 없던 사정들이 여기서는 동구 거리만 걸어보아도 눈에 들어왔다. 그가 강진에 오기 전에 다음과 같은 기민시飢民詩를 쓴 적이 있다. 몇 구절을 살펴보면 다음과 같다.

마른 목은 길쭉해 따오기 모양이요
병든 살갗 주름져 닭살 같구나
우물은 있다마는 새벽 물 긷지 않고

땔감은 있다마는 저녁밥 짓지 못해

관가의 돈 궤짝 남이 볼까 쉬쉬하니
우리 굶게 한 건 이 때문이 아니냐

관가 마구간에 살찐 저 말은
진실로 우리의 피와 살이네

송재소 옮김, 『다산시선』

이것은 백성의 굶주림과 관가의 부정을 고발한 것이다. 그러나 그리 강렬하지는 않다.

농민의 참상을 시로 형상화하다

그가 강진에 있을 적에는 양물을 잘라낸 남편을 둔 지어미의 한탄을 「애절양哀絶陽」이라는 시제로 이렇게 노래했다.

달려가서 억울함을 호소하려 해도
범 같은 문지기 버티어 있고
이정里正이 호통해 단벌 소만 끌려갔네

남편 문득 칼을 갈아 방 안으로 뛰어들자

붉은 피 자리에 낭자하구나
스스로 한탄하네, '아이 낳은 죄로구나'
말·돼지 거세함도 가엾다 이르는데
하물며 뒤를 잇는 사람에 있어서랴

송재소 옮김, 『다산시선』

이는 죽은 시아버지와 갓난아이까지 군적에 올라 있는 것을 본
지아비는 그렇게 할 수밖에 없었다는 내용이다. 이런 현실이었
다. 이것은 결코 허구가 아니었다. 이런 의식세계에서 산 정약용
은 관리들을 이리와 승냥이로 빗대는 「시랑豺狼」이라는 시를 썼
다. 여기서는 몇 구절만 인용해본다.

장독에는 소금 한 줌 남지 않고
뒤주에는 쌀 한 톨 없노라

큰 솥 작은 솥 다 앗아가고
숟가락 젓가락 다 훔쳐갔네

자식 이미 팔려 가고
내 아낸들 누가 사랴

내 가죽 다 벗기고
뼈마저 부수려나

부모여, 사또여
고기 먹고 쌀밥 먹고

사랑방에 기생 두어
연꽃같이 곱구나

송재소 옮김, 『다산시선』

이 시에서 부모는 친부모를 뜻하는 것이 아니라 벼슬아치를 말한다. 옛적의 벼슬아치는 부모로 비유되었다. 그런데 관리의 부정이 이 지경에 이른 것이다.

정약용은 감상과 한탄에 젖어만 있기에는 너무나 논리적인 이론가였다. 그리고 비록 유배지에 있었으나 백세百世의 경세가였다. 그리하여 관리의 부정을 막고, 나라의 폐정을 뜯어고치고, 백성의 참상을 구제하기 위해 방책을 제시하기 시작했다.

위민사상의 정수 『목민심서』

당시 그는 관제, 전제 등 모든 국가제도에 대한 개혁방안을 쓰고 있었다. 바로 『경세유표』였다. 이것을 중단하고 좀 더 직접적인 현실 문제를 타개해야겠다는 의지에서 1817년 『목민심서』의 집필로 붓을 옮긴 것이다. 이 책은 붓을 댄 지 1년 만에 완성했다. 그러나 집필하는 데만 1년이 걸렸다는 것이지 결코 갑자기 이루어진 것은 아니다.

어릴 적에 지방의 수령이 된 아버지를 따라 옮겨 살면서 수령의 몸가짐과 농촌의 실정을 보았고, 그의 고향인 양주, 광주 일대의 농촌 사정도 익히 알고 있었다. 젊은 나이에 암행어사로 전국을 돌아다닌 적도 있었고, 금정찰방과 곡산부사로 직접 백성들의 일을 맡아본 적도 있었다. 또한 장기와 강진의 유배생활에서 얻은 산지식도 있었다. 그야말로 평생 노심초사하던 일을 문자로 드러낸 것이다.

이 책은 그의 위민사상의 정수이다. 책의 이름을 『목민심서』라 했는데, 목민은 '백성을 살찌운다'는 뜻이요, 심서는 '목민할 마음은 있으나 몸소 실행할 수 없기 때문이다'라고 했다. 그는 귀양살이 하는 한낱 죄인이었기 때문이다. 그는 「자서自序」에서 이렇게 말하고 있다.

군자의 학學은 수신이 그 반이요 나머지 반은 목민이다. …… 요즈음 백성 다스리는 목민관들은 이익을 좇는 데에만 얼이 빠져 있고 목민을 어떻게 해야 할지 모른다. 이 때문에 백성들은 찌들고 병들어 줄줄이 진구렁으로 떨어져 죽는데도 이자들은 고운 옷과 맛있는 음식으로 제 몸만 살찌우고 있으니 어찌 슬프지 않겠는가.

이런 정신에서 씌어진 이 책은 12편으로 구성되어 있다. 각 편의 이름을 알아보면 다음과 같다. ①「부임편赴任篇」②「율기편律己篇」③「봉공편奉公篇」④「애민편愛民篇」⑤「이전편吏典篇」⑥「호전편戶典篇」 ⑦「예전편禮典篇」 ⑧「병전편兵典篇」 ⑨「형전편刑典篇」
⑩「공전편工典篇」 ⑪「진황편賑荒篇」 ⑫「해관편解官篇」이다.

앞의 4편은 총론으로 수령들의 몸가짐과 기본 태도, 그 다음 6
편은 각론으로 실무, 마지막 2편은 주민 복지와 수령이 물러갈
때의 몸가짐 등을 밝힌 것이다. 각 편은 다시 6조로 세분되어 있
어서 모두 72조로 엮었다. 한 마디로 일목요연하다. 이 책을 엮고
난 뒤 그는 "한 백성이라도 그 혜택 입기를 바라는 것이 나의 마
음이다"라고 말했다. 그의 애민사상에 대한 고심참담을 엿볼 수
있다.

사명감과 의욕으로 이룩한 방대한 저작

이러는 중에 1812년 서북에서 홍경래를 중심으로 농민봉기가
있었다는 소식을 들었다. 그는 이곳 선비들을 중심으로 의병을
권유하기도 하고 후원하기도 했다. 이것은 농민 편에 서 있는 그
로서는 이율배반의 모습이다. 그러나 어쩌면 언제 민란의 음모
자로 몰아칠지 모르는 절박한 상황에 대비한 위장술이었는지 모
른다. 물론 이 의병제의는 불발로 그쳤다.

18년이라는 세월을 이렇게 지낼 적에 조정에서는 그의 동료들
과 아들의 건의로 해배解配가 논의되기도 했다. 그때마다 몇몇
사람의 반대로 무산되었다. 그가 암행어사로 경기감사 서용보의
부정을 캐낸 일이 있었는데, 이에 감정을 품은 서용보 등이 계속

반대했다.

　마침내 기회가 왔다. 1818년 이웃 고을에 귀양 와 있던 옛 동료 김이교가 해배되어 길을 떠나기 전에 그를 찾아왔다. 하룻밤을 둘이 지내며 정담을 나누었다. 김이교는 당시 세도가 김조순의 일가붙이였다. 김이교는 정약용이 무슨 부탁 말이 있을 것을 기다렸으나 동구 밖 10여 리를 따라 나와 전송하면서도 아무 말이 없었다. 김이교는 참다못해 입을 열었다. "나에게 부탁할 말 없소?" 이에 정약용은 김이교의 부채를 잡아당겨 시를 써주었는데 그 끝 구절이 이러했다.

　　대나무 몇 가닥에
　　새벽달 걸릴 적에
　　고향이 그리워서
　　눈물이 줄줄이 맺히오

　김이교는 이 부채를 들고 어느 날 김조순을 찾아갔다. 김조순은 김이교가 한껏 펼쳐 바람을 일으키는 부채를 빼앗아 글귀를 읽어보았다. "이것은 정 모의 글귀로구나."

　김조순은 남쪽 하늘을 바라보며 한숨을 지었다. 김조순의 주선으로 그는 긴 유배에서 풀려났다. 만약 정약용이 유배지에서 불평이나 터뜨리며 정담이나 설왕설래했더라면 온전했을까?

　그가 고향 집에 돌아왔을 적에 서용보 또한 벼슬자리에서 떨어져 거리가 얼마 떨어지지 않은 곳에 살고 있었다. 정약용은 묵은 감정을 씻고 그에게 사람을 보내 간곡하게 위로의 말을 전했다. 이후 그는 책을 읽고 저술에 몰두하면서 틈틈이 주변의 산천 경개 구경으로 나날을 보냈다. 벼슬할 뜻은 물론 없었으며 정담을 입에 담지도 않았다. 그즈음 조정에서는 그에게 벼슬을 다시 주려고 논의를 벌였다. 이에 벼슬살이를 다시 하던 서용보가 결단코 반대를 거듭해 실현되지 못했다.

정약용은 우리나라 역사에서 가장 많은 저술을 남긴 사상가 중 한 사람이다. 흔히 그의 대표 저술을 1표 2서―表二書라고 말한다. 곧 『경세유표』와 『흠흠신서』, 『목민심서』를 일컫는 말이다. 『경세유표』가 국가의 기본제도를 개혁해야 한다는 내용인 반면, 『흠흠신서』는 인명을 중시해 원옥寃獄이 없도록 하는 방안을 제시한 것으로 인권관계의 저술이요, 『목민심서』는 백성을 직접 다스리는 수령을 통해 민생의 고통을 해결하자는 것이었다.

19세기는 이 땅에 세도문벌정치가 들어선 시기이다. 몇몇 문벌가가 번갈아 정권을 잡고 마치 나무꾼이 작대기 휘두르듯이 나라와 민중을 몰아갔다. 이런 마당에 그들은 모두 벼슬을 차지했고 남은 찌꺼기조차 정당한 방법으로 인재를 수용하지 않고 벼슬을 팔아먹었다. 그 중에서도 지방관은 돈을 주고 산 벼슬의 값을 뽑으려고 민중을 갈취했다. 지방관은 2중 3중으로 매매되어 어느 수령이 부임해서 한창 부임잔치를 벌이는 중에 다음 수령이 부임해올 정도였다.

이리하여 이른바 민란이 곳곳에서 일어났다. 수탈에 견디다 못한 민중은 처음에는 다른 곳으로 도망가거나 깊은 산 속에서

화전민이 되거나 섬으로 들어가 어민이 되어 수탈의 손길을 벗어나려 했다. 그러다가 도둑이 되고 명화적 떼로 뭉쳐 부호의 재물이나 관물을 빼앗았다. 그리고 끝내는 곳곳에서 떼 지어 관권에 항거했다.

앞뒤로 이런 판국이었는데도 당시의 지배자들은 정약용의 개혁방안 따위에는 눈도 돌리지 않았다. 정약용은 결코 농민을 중심으로 한 민중이 그저 팔짱만 끼고 있다가 그대로 죽지는 않으리라는 것을 알고 있었다. 그런데도 『목민심서』에 제시한 그의 방안을 써주기는커녕 읽어주지도 않는 현실이 통탄스러울 뿐이었다. 그는 회갑을 맞이해 자찬묘지명自撰墓誌銘을 적으면서 이렇게 쓰고 있다.

알아주는 자는 적고 비방하려 드는 자는 많으니, 만약 천명이 이를 받아들이지 않는다면 한 줌의 불쏘시개로 불태워버려도 좋다.

다산의 합리적 과학사상

정약용이 열세 살 적에 나라 안에 천연두가 휩쓸었다. 한번 천연두가 휩쓸고 나면 살아남는 아이들이 적었고 더러 낫는다 해도 곰보가 되었다. 이럴 적에 나라의 대비책이라고는 피막避幕을 지어 환자를 격리하는 정도였다. 어린 정약용이 이 병에 걸렸으니 어버이는 가슴을 졸일 수밖에 없었다. 그런데 경기도 광주 땅에 사는 이헌길이라는 의원의 손을 빌려 살아났다. 이헌길은 천연두가 10~20년 단위로 유행하는 것을 보고, 여러 관계 책들을 참고하고 임상을 통해 치료법을 찾아냈다.

정약용은 그의 생명을 구해준 이헌길을 잊을 수 없었다. 그리고 주기적으로 천연두가 휩쓸어 많은 생명을 앗아가는 현실이 안타까웠다. 그리하여 이헌길의 천연두 처방책인 『을미신전』을 구해보니 찾아보기가 매우 불편했다. 급한 마당에 하나하나 내용을 다 훑어볼 수가 없어 새로 항목을 만들고 그에 따라 처방을 제시했다.

땀이 날 적에, 기갈이 들 적에, 설사를 할 적에, 구토를 할 적에, 복통이 있을 때 어떻게 응급처방을 하라는 방법을 적은 것이다. 이 중에서 몇 가지 처방을 살펴보자.

진물이 생길 때는 닭고기·돼지고기·식초·매운 것을 먹지 말고, 닭고기를 잘못 먹으면 평생 피부가 좁쌀처럼 돋아나 닭고기 껍질과 같게 된다고 했다. 그리고 돼지고기를 잘못 먹으면 해마다 천연두가 들었던 달이 되면 설사를 많이 하게 되고, 식초를 잘못 먹으면 해마다 천연두가 들었던 달이면 기침병이 도진다고 했다. 매운 것을 잘못 먹으면 나은 뒤에도 때때로 열이 난다고 했다. 물론 민간요법을 적어 놓은 것도 있다.

정약용은 이것을 모아 『마과회통麻科會通』이라는 책을 썼다. 이는 이헌길에게 은혜를 갚고 많은 생명을 구하기 위해서였다. 그리고 천연두는 자연 기운과 시대에 따라 처방이 달라지므로 이 책의 내용도 몇십 년이 지나면 처방을 바꿔야 한다고 썼다.

그의 말처럼 19세기 말 지석영이 종두법을 들여왔을 무렵에는 기존의 처방은 효용이 반으로 줄었다. 그러나 풍부한 경험을 토대로 자연의 기운과 체질에 따라 처방을 낸 이런 의술은 오늘날 민간요법으로 전승되고 있고 그 요법의 과학성 역시 부분적으로 인정받고 있다. 이와 같이 정약용은 인문이나 개혁사상가만이 아니었다. 그의 사고는 대단히 과학적이었고 생활 또한 그러했다.

정약용은 술을 즐겼는데 술이 화기와 원기를 돕는 것으로 보았다. 그리하여 자신이나 아들에게 '불급란不及亂(곤드레가 되도록 취하지 않는 것)의 수준을 지키도록 했다. 이를테면 술을 약으로 본 것이다. 이런 정약용의 과학적 사고와 생활이 모진 고난 속에서도 그를 장수하게 만든 것이리라.

그는 실로 빛나는 업적을 세웠는데 거의 유배지에서 이루어졌다. 만약 그에게 유배생활이 없었다면 이런 역사적 저술이 나왔을까? 그가 고향으로 돌아왔을 적에는 가산이라고는 별로 남지 않았다. 그는 가난하지만 지조를 굽히지 않았으며 더욱 학문을 연마하면서 보신에 철저했다. 이제 늙은 그였지만 그의 정적들은 한시도 그에게서 눈을 떼지 않고 감시하고 있었다.

그는 일흔넷을 일기로 세상을 떠났다. 비록 파란이 겹친 생애였지만 역사에 빛나는 이름을 저술을 통해 남기고 고종명考終命했다. 이 점에서 그는 행운을 얻은 인물이라고 할 수 있다. 그는 죽어서도 한동안 정당한 대우를 받지 못했다가 사후 1백여 년 뒤인 식민지시기에 저서를 출간할 수 있었다.

오늘날 그의 학문은 다산학茶山學이라는 이름으로 세계적 관심을 받고 있다. 다산연구소가 발족되어 그의 사상을 정리하고 선양사업을 줄기차게 벌이고 있다. 그리고 그의 고향 일대와 강진의 유배지에서는 그와 관련된 유물유적을 보전·전시하고 있는데, 순례단의 발길이 끊이지 않고 있다.

김정희
학문과 예술에 달통한 천재

　진정한 천재는 한 세기에 하나쯤 태어난다고 볼 적에 우리는 추사秋史 김정희金正喜(1786~1856)를 꼽을 수 있겠다. 그의 예술가적 재질을 두고 그렇게 말할 수 있지만, 실사구시에 철저했던 실학자의 면모 또한 이에 빠지지 않는다.

　조선 왕조의 사관은 인물평에 있어 인색하기로 유명하다. 대개 젊은 사관들은 꼬장꼬장하게 사필을 휘둘러 웬만한 인물은 죽은 뒤에도 그들의 붓방아에 한번쯤 난도질당해야 했다. 그런데 김정희의 죽음을 두고 사관은 이렇게 썼다.

　총명하며 굳세고 꿋꿋했으며 뭇 책을 널리 읽어서 금석문이나 그림, 역사에서는 그 깊이를 꿰뚫어 알았고, 글씨에서는 초서, 해서, 전서, 예서 할 것 없이 참 경지를 깨쳤다. …… 세상 사람들이 송나라의 소동파에 비유한다.

『철종실록』 7년 12월조

그는 여러 분야를 추구해 모두 최고의 경지에 들었다. 그는 경주 김씨로 지금의 예산군 신암면 용궁리의 오석산 밑에서 태어났다. 고조부는 영의정을 지낸 김흥경이다. 김흥경은 노론의 거두로 영조의 두터운 신임을 받았다. 이런 탓으로 아들 김한신은 영조의 사위가 되었다. 그러니 영조의 딸 화순옹주는 추사의 증조할머니가 된다. 임금의 사위인 그의 할아버지는 월성위로 봉해졌고, 사패지賜牌地(왕자와 왕녀에게 주는 땅)로 예산 오석산 근처 땅을 받았다. 월성위의 저택에는 독서루, 매죽헌 같은 건물들을 아름답게 꾸몄는데 추사는 이곳에서 태어났다.

아버지 김노경은 판서를 지낸 김이주의 둘째 아들로 태어났다. 그런데 김이주의 큰아들 김노영에게 후사가 없자 김정희는 김노영의 양자로 들어갔다. 이렇게 해서 김정희는 그 집안의 종손이 된 것이다. 영조의 계비인 정순대비가 어린 순조를 대신해 수렴청정할 적에, 정순대비의 친정붙이인 김노경은 두터운 신임을 받아 승지·판서 등의 요직을 지냈다.

박제가에게서 북학을 배우다

이런 가문이고 보니 김정희의 앞길도 환하게 열려 있었던 셈이다. 그러나 정순대비가 죽고 안동 김씨인 김조순이 세력을 잡았을 적에 김달순 등 경주 김씨들이 쫓겨나기 시작했다. 이때에 김노경은 무사하게 넘어갔지만 안동 김씨와 풍양 조씨가 세도싸움을 벌일 적에는 자주 휘말려들었다. 김노경은 이런저런 죄목이 얽혀져 끝내 강진 고금도에 유배되었다가 1840년에 죽음이 내려졌다.

김정희가 태어날 적에는 가정에 아무런 풍파가 없었다. 어머니 유씨는 그를 밴 지 24개월 만에 낳았다고 한다. 이것은 물론 신화적 인물에게 흔히 주어지는 탄생설화에 지나지 않지만 그가 태어나면서부터 남달랐던 것만은 확실하다.

매죽헌에는 영조가 내린 어필과 고서가 쌓여 있었고, 아버지와 할아버지가 중국에 자주 갔다오면서 사온 책들도 쌓여 있었다. 더욱이 증조할아버지는 팔법八法을 다 잘 쓰는 명필로 궁중의 책문冊文을 도맡아 썼고, 아버지도 많은 비문을 쓴 명필이었다. 이런 분위기 속에서 그는 글씨도 쓰고 책도 읽었다. 특히 어머니의 가르침을 받을 때 그의 재질이 발휘하기 시작했다.

어렸을 적 일이다. 김정희는 입춘을 맞이해 '입춘대길 건양다 경立春大吉 建陽多慶' 따위의 글씨를 써서 대문에 붙여놓았다. 바쁜 벼슬길로 아들에게 글씨를 제대로 지도할 겨를이 없었던 아버지는 놀라지 않을 수 없었다.

아버지는 그를 서울 탑골 근처에 있는 박제가에게 데리고 갔다. 박제가는 비록 서출이었지만 규장각 검서라는 영광스러운 자리를 얻었고, 더욱이 시서화 삼절詩書畵三絶로 일컬어지는 명사였다. 김정희는 열여섯 살의 나이에 참 스승을 만난 것이다.

스승을 만나 글씨에 정진하고 스승으로부터 북학을 배우고 현실에 눈을 뜰 무렵, 어머니 유씨의 죽음을 맞이했다. 그는 인생에 대한 허무를 달랠 길 없어 자주 예산의 옛집으로 내려갔고, 근처에 있는 화암사에서 독경으로 마음을 가라앉히기도 했다. 그가 불교에 빠진 것은 아마 이때부터였을 것이다.

그는 가문의 전통대로 스물네 살에 생원이 되어 벼슬길에 들어서기 시작했다. 이때 아버지는 청나라에 동지부사冬至副使로 가게 되었다. 김정희는 스승 박제가로부터 청의 문물을 배워야 한다는 가르침에 따라 자청해 아버지와 동행했다. 박지원이나 박제가 같이 청나라의 문물을 몸소 보려 한 것이다.

김정희는 스승의 소개로 조옥수曹玉水, 서성백徐星伯 같은 중국의 명사들을 만났다. 그리고 이들을 통해 중국의 석학들과 접촉했고, 특히 왕희손汪喜孫 같은 명사와는 절친한 친구가 되어 우정을 나누었다. 그는 스승에게서 배운 청의 고증학을 다시 확인했고 서체의 깊이는 물론 방인方印 등 도장에 대한 혜안도 갖게 되었다. 이제 김정희는 우물 안 개구리가 아니었으며 그의 학문 경향 또한 확고한 신념 위에 터를 잡기 시작했다.

김정희는 북경에서 돌아와 학문과 글씨에 더욱 전념했다. 서른한 살 때에는 북한산에 올라 민간에서 무학대사비로 알려진 비문을 판독해냈다. 그리고 이 비가 신라 진흥왕의 순수비임을 명확하게 고증했다. 이로 인해 그는 금석학의 대가 자리를 굳혔다.

1819년에는 문과에 급제했다. 아버지의 후광에 힘입어 설서說書, 검열檢閱 같은 벼슬을 받았고, 이어 문사로서는 영광의 벼슬자리인 규장각의 대교待敎가 되었다. 1830년 아버지가 귀양을 갈 때 장년이 된 김정희는 은인자중했다. 결코 분란을 일으키는 상소 따위로 당론에 가담하지 않고 자기 일에만 몰두했다. 그리하여 대사성, 병조참판 같은 높은 벼슬을 지냈다. 그러나 그의 가문은 이미 세력을 잃어 김정희의 벼슬길은 50대에 들어서야 참판의 반열에 들어섰다.

노년의 긴 귀양살이 끝에 귀향하다

1840년 그의 나이 쉰다섯. 이때 아버지에게 사약이 내려졌다. 그뿐만 아니라 장김壯金(장동에 사는 안동 김씨)과 전조磚趙(전동에 사는 풍양 조씨)의 권력 다툼의 틈바구니에서 경주 김씨의 남은 세력인 그에게도 혐의가 씌워졌다. 그리하여 그도 억울하게도 제주도

대정현에 유배되었다. 외딴 바닷가에서 9년의 귀양살이가 시작되었다. 그러나 대정에 있는 그의 배소는 외롭지 않았다. 멀리 육지에 있는 제자 강위가 찾아와 수발을 들었고, 제주도의 많은 선비들이 찾아들어 그에게서 학문을 익히기도 하고 글씨를 배우기도 했다.

배소에서 그는 부인의 부음을 듣고 그 슬픔을 붓으로 달랬다. 그는 이곳에서 수많은 글씨를 썼고 많은 그림도 그렸다. 신품神品으로 일컬어지는 「세한도歲寒圖」도 이때 이루어졌다. 「세한도」는 친구 이상적李尙迪이 중국에 가져가 그곳 명가들의 절찬을 받기도 했다.

또한 많은 도장을 파서 글씨와 그림에 찍었다. 그는 마음이 내키는 대로 호를 지어 썼다. 완당阮堂·노과老果 등 1백여 가지를 그때그때 내키는 대로 썼다. 호는 선비의 표상이요 멋일진대 그는 굳이 한두 개의 호만을 고집하지 않았다. 그는 시도 지었다. 인마人馬에 짓밟히며 제주도의 들판에 핀 수선화를 두고 노래하기도 했다.

9년 만에 그는 집으로 돌아왔다. 그러나 부인도 없는 쓸쓸한 집에서 3년도 채 지내기 전에 친구 권돈인이 유배가게 되자 그에게 또다시 혐의가 씌워졌다. 그리하여 이번에는 머나먼 북쪽 땅 북청으로 유배를 떠났다. 북청의 배소도 결코 외롭지 않았다. 제자 강위가 다시 찾아왔고 그곳 선비들이 몰려들었다.

이곳에서 쓴 그의 글씨는 지난날보다 날카로운 맛은 덜 했지만 경지에 이르고 있었다. 그곳 사람들이 돌화살을 여기저기서

주위왔다. 그는 온갖 풍상에 씻겨온 돌화살을 두고「석노가石砮
歌」를 지었다. 제주도의 수선화와 북청의 돌화살, 이것은 분명
김정희 자신을 표상한 것이다. 여기서 그는 2년 만에 풀려나 서
울로 돌아왔다. 그의 나이 예순 여덟이었다.

불행을 예술로 승화하다

그는 아버지가 지어놓은 과천 여막으로 들어갔다. 관악산 아
래 여막에서 조용히 일생을 돌아보며 불경을 읽기도 하고 참선
에 몰입하기도 했다. 그의 여막이 바로 정토였고, 자신이 바로
부처였다.

일흔한 살에 그는 봉은사로 갔다. 그는 봉은사 언덕바지에 나
무막을 얽었다. 그리고 구계具戒를 받고 승복을 입었다. 선비가
중이 되다니, 당시의 통념으로는 어림없는 일이었지만 아무도
그의 행동을 비난하지 않았다. 그의 슬픔의 극치일까 아니면 염
세의 막다른 골목일까. 아니다. 불염진不染塵, 곧 부처 앞에서 무
릎을 꿇고 피어오르는 향내를 맡으며 심안心眼이 열리는 열반의
경지일 것이다. 불로 지져도 바늘로 찔러도 미동도 않는 노융老
融(그의 또 다른 호) 선생의 종장終章이었다.

이 무렵에 쓴 것으로 보이는 현판 글씨가 전해진다. 그가 용산
변 강마을에 우거할 때 썼다고 한다.

잔서완석루殘書頑石樓

이 누각 현판의 뜻을 풀어보면 '잔서'는 헤진 책이요 '완석'은 울퉁불퉁한 돌이다. 무엇을 상징하는 것일까? 자신의 노년의 신세를 빗대지 않았을까? 이 현판의 글씨는 글자의 윗선은 가지런하게 맞추고 글자의 옆선을 나란히 세웠으며 밑에 뻗힌 자획은 여러 모양으로 내리 그었다. 비유해 말하면 빨랫줄에 치맛자락이 펄럭이는 모양새이다. 이것은 한 점 구속받지 않으면서도 원칙에 어긋남이 없다는 평가를 받는다.

그의 글씨는 무슨 체를 가릴 것 없이 수도 없이 남겼으며 때로는 현판에 새겨져 걸려 있기도 한다. 어느 하나 부족함이 없다는 평판을 듣는다. 그런 탓인지 위작이 널려 있다. 위작의 범람은 역설적으로 말해 그의 글씨가 우리나라 최고의 명품으로 꼽힌다는 뜻이다.

그는 한철을 봉은사에서 보낸 뒤 10월 과천의 여막으로 돌아와 조용히 세상을 마쳤다. 만약 그에게 유배생활이 없었다면 그는 번진 속에서 그러저러한 일생을 보냈을지도 모른다. 그의 인생의 불행이 곧 예술의 승화를 가져왔다고 말할 수 있다.

그의 학문의 핵심은 실천에 있다. 그는 성리학적 공론을 배격하고 실질과 실용을 숭상했다. 그는 금석학이나 역사학 역시 실증을 통해 분석했고, 서·화에서도 졸박拙朴함까지 포섭한 원융무애의 어우러짐이 감돈다.

김정호
지도제작에 평생을 바친 외로운 지리학자

　지난날의 조선시대 사람들은 과학기술을 지나치게 무시해왔다. 과학기술은 생활의 지혜에서 이룩된 것이요 생활을 윤택하게 하는 한 방법이다. 그런데도 조선 왕조는 삼강오륜을 중심으로 한 유교적인 덕목, 곧 충효나 예의, 정절 따위를 지나칠 정도로 강조했다.

　이것은 인간답게 살고 질서를 잡는 데에 가장 중요한 덕목이기는 하나 윤리교육에 너무 치중하면 권위주의로 흐르거나 인간의 지혜가 균형감각을 잃어 자칫 창의성이 결여되고 개척정신이 침체된다.

　조선시대는 이런 인성교육에 지나치게 빠진 나머지 과학기술은 천업 또는 천직으로 무시해 제대로 발전을 못했다. 그리고 한 때 훌륭한 창조적 발명이 있었더라도 지속적인 개량·발전을 기할 수 없었다. 이런 상황 속에서도 많은 선인들은 이 일에 종사하며 훌륭한 발명을 해내고 발전시켰다.

고산자의 내력과 교우관계

여기서 이야기하는 고산자古山子 김정호金正浩(?~1866)는 과학자는 아니었지만 가장 과학적인 태도와 방법으로 우리나라 지도 작성에 평생을 바쳐 완성한 인물이다. 그런데도 자기희생적인 그의 정열에 대한 사회적인 뒷받침은커녕 국가에서는 도리어 견제하거나 푸대접하기만 했다. 다만 몇몇 사람들이 그의 높은 뜻을 알고 도와주고 끌어주었을 뿐이다. 그래서인지 그의 생애에 대해서는 물론, 가계나 태어난 해, 자손들에 대해서조차 정확하게 알려진 것이 없다. 그가 심혈을 기울여 작성한 지도나 지리에 관한 책 외에는 입으로 떠도는 말만 남아 있을 뿐이다.

그의 본관은 청도로 호는 고산자인데, 본래 황해도에서 태어나 서울로 옮겨와 살았다고 한다. 그러나 그가 황해도 출신이라는 것도 명확하지 않으며, 서울 어디에서 어떻게 살았는지도 사람들의 입으로만 전해질 뿐 정확하게 알려져 있지 않다. 다만 『이향견문록里鄕見聞錄』을 보면, 그는 재능과 기예를 지녔고 지리학에 밝았다고 한다.

순조 연간의 실학자요 철학자인 최한기가 「청구도」의 내력을 알리는 글을 쓴 것으로 보아, 최한기와 친분이 있으며 최한기에게서 인간적으로나 학문적으로 많은 도움을 받았을 것이라는 정도를 짐작할 수 있을 뿐이다. 여기서는 단편적으로나마 그와 사귄 주변인물을 통해 그의 삶을 알아보기로 한다.

실학시대의 뒤를 이은 19세기 중엽은 중인들이 활발하게 활동하던 때였다. 중인들은 무엇보다 시사詩社라는 이름을 빌려 문학활동을 왕성하게 벌였다. 예전 중인들은 천문관, 의원, 화원 등 잡직의 벼슬을 맡아왔는데, 이 시기에 들어 양반 선비들이 누리던 문학을 통해 자신들의 행동반경을 넓히려 했다. 농민들은 민란이라는 방법으로 부정한 지배세력에 맞선 데 반해, 이들은 온건한 문학운동을 전개한 것이다. 그리하여 문벌정치를 이룩한 지배세력이 정치투쟁이 아닌 이들의 운동을 방관했고 양반 출신 선비들이 때때로 도움을 주기도 했다.

김정호도 중인이었고 중인 문사들과 자연스레 어울렸으나 문학인은 아니었다. 그는 어디까지나 인문 자리학자의 길을 걸었다. 하지만 다른 중인들과 교류하면서 사귄 인사들의 도움이 뒤따랐다. 그러면 그의 동료들을 알아보자.

먼저 최성환崔瑆煥을 떠올릴 수 있다. 최성환은 중인으로서 시사 활동에 활발하게 참여했다. 그는 많은 벼슬아치들과도 친분을 갖고 있었다. 이덕무는 「사소절士小節」을 써서 1775년에 펴낸 바 있었다. 이 책은 선비들은 작은 몸가짐을 올바르게 해야 한다는 것이다. 이는 자신이 서자로서 규장각 검서로 발탁되었으나 양반 출신 선비들과 같은 대우를 해주지 않는 풍토를 바로잡으려는 것이었다. 이후 최성환은 「사소절」을 다시 찍어 배포했다.

그런데 중인들과 어울리던 최한기는 다시 찍은 이 책을 들고 충주에 사는 이규경李圭景을 찾아갔다. 이규경은 이덕무의 손자로, 당시 충주에서 저술에 몰두하던 학자였다. 이렇게 해 최성환, 최한기, 이규경은 자연스레 뜻을 맞추어 어울리는 사이가 되었다.

최성환은 세도가인 박종보의 집 활자를 빌려 책을 찍기도 했다. 박종보는 순조의 생모와 오누이 사이로 출세를 거듭해 1806년에는 호조판서로 재직하면서 비변사 제조를 겸직했다. 박종보는 최성환을 천문학자요 과학자인 원로대신 남병철南秉哲에게 소개시켰고 남병철은 다시 최성환을 박지원의 손자인 명신 박규수朴珪壽와 정약용의 장남인 정학연丁學淵 그리고 여러 판서를 거친 고관인 신헌申櫶을 연결시켜 주었다.

최성환은 이를 다시 김정호에게 끈을 달아준 것이다. 그런데 이 복잡한 인맥을 거꾸로 짚어보면 김정호는 최성환, 남병철, 신헌으로 이어진다(이 인맥 관계는 서울시립대 교수 배우성의 견해를 참고하라).

특히 신헌의 주선으로 김정호는 비변사 소장의 관찬 지도와 중국 지도를 열람하거나 이용할 수 있었다. 이런 기회는 쉽게 얻어지는 것이 아니다. 비변사는 모든 대신들이 외침에 대비해 회의해 결정하는 군국대사를 맡은 기구이다. 따라서 이곳에는 많은 지도가 보관되어 있었다.

최성환과 김정호는 「대동여지도」를 작성하기에 앞서, 뜻을 맞추어 함께 지리서 「여도비지興圖備志」를 만들기도 했다. 여기서 지도 작성방법으로 사용한 천문학상의 좌표를 뒤에 그대로 사용했다.

정확한 지도가 필요하다

김정호는 많은 지리서와 지도를 열람해 지식을 쌓았다. 그러고 나서 「청구도」를 만들었다. 최한기는 「청구도」의 내력에 대해 이렇게 밝히고 있다.

나의 벗 정호는 소년 시절부터 지리학에 뜻을 두었다. 그리하여 오랫동안 지리책을 읽고 몸소 전국을 누비며 모든 지도 작성법의 좋고 나쁜 점을 살폈다. 그리고 한가할 때에 사색을 더해 간편한 집람식輯覽式(지도를 부분적으로 작성해서 이용하기 좋게 펼쳐볼 수 있도록 만든 것)을 발견했다.

여기서 보면 그는 어릴 적부터 우리나라 지도 작성에 뜻을 두었으며 중도에 포기하지 않고 지난날의 지도와 책을 모두 터득해 더 정확하고 바른 지도를 만들기에 고심했음을 알 수 있다. 아울러 스스로 집람식을 발견해 자신이 만든 지도에 이용했음도 알 수 있다.

김정호 이전에 정상기鄭尙驥라는 지리학자가 있었다. 정상기는 성호 이익과 친구 사이였는데 종래의 지도가 부정확하고 실생활에 별로 도움을 주지 못하는 것에 늘 안타까움을 느꼈다. 그는 실학자 중에서도 특이한 분야에 관심을 가져 「동국전도東國全圖」와 「도별분도道別分道」를 완성했다. 이것은 종래의 단점들을 보완해 땅의 넓고 좁음, 멀고 가까움을 표시한 획기적인 지도였다.

그러나 김정호의 눈에 비친 이 지도 역시 매우 부정확했다. 그리하여 그는 몸소 곳곳을 누볐다. 백두산·제주도는 물론 작은 산과 작은 섬까지 실제로 답사하며 하나하나 그려 첫 번째로 완성한 것이 「청구도」이다. 이는 1834년에 완성된 우리나라 지도이다. 그는 이 지도를 그리면서 경위선표經緯線表를 사용했고 여기에 역사적 경계까지 첨부해 역사 지도도 겸하게 했다. 그리고 각 고을의 경계를 분명하게 해 산·강·섬 그리고 나루·봉수·성곽의 위치까지도 정확하게 표시했다.

이것을 완성한 뒤에 착수한 것이 오늘날 말하는 인문지리서의 편찬이다. 다시 말해서 「청구도」가 지니고 있는 부족함, 곧 실생활에 필요한 여러 설명을 덧붙이려 한 것이다. 그는 「청구도」에서 다 표시하지 못한 산·강·도로·제방 그리고 역사적인 사실들을 새로이 보태어 달았다. 종래에 전해오던 『신증동국여지승람新增東國與地勝覽』을 참고하면서 실제와 다른 부분, 빠진 중요한 부분들을 모두 바로잡거나 고쳤다. 그리고 이것을 『대동지지大東地志』라 했는데 무려 30년 동안 심혈을 기울여 완성한 것이다.

불후의 명작 「대동여지도」를 완성하다

다음으로 그가 착수한 것이 「대동여지도」이다. 이것은 「청구도」가 지니고 있는 결점을 보충한 면도 있으나 각 지역과의 전체적인 통일성을 꾀한 것이다. 다시 말해서 총도總圖의 성질을 띤 것이다. 이것은 스물두 장의 첩帖으로 되어 있는데, 이것을 하나하나 붙이면 그대로 우리나라 전도가 된다. 연이어 붙인 서첩書帖을 보고 힌트를 얻은 것 같다.

이를 좀 더 자세하게 살펴보자. 앞에는 "지금의 임금 12년 신유"(1862년 철종 12)라고 쓰고 「대동여지도」라는 표제를 큰 글씨로 새겼고 끝에 "고산자 교간校刊"이라 부기했다. 다음 첫 장에는 각 첩의 지명 위치를 표시하는 칸을 만들어 제시하고 첫 첩에는 두만강 아래 지역의 지도를 게재했다. 이어 게재한 지도표地圖標에는 지도에 표시하는 표를 제시했는데, 영아營衙·읍치邑治·성지城池·진보鎭堡·역참驛站·창고倉庫·목소牧所·봉수烽燧·능침陵寢·방리坊里·고현古縣·고진보古鎭堡·고산성古山城·도로道路 등 14개이다. 이 표는 단순한 지도가 아니라 역사·인문·자연·지리가 모두 포함되었음을 알려준다.

이어 수록한 「지도유설地圖類說」에는 중국에서 여러 지도 작성자와 병법가들이 지도의 중요성을 말한 내용을 요약해 설명했다. 이는 그가 중국의 모든 지도책을 보았음을 증명해준다. 특히 마지막 「방여기요方輿紀要」에서는 지도의 효율과 용도를 설명하고 마지막 그 내용에 따라 이렇게 결론지었다.

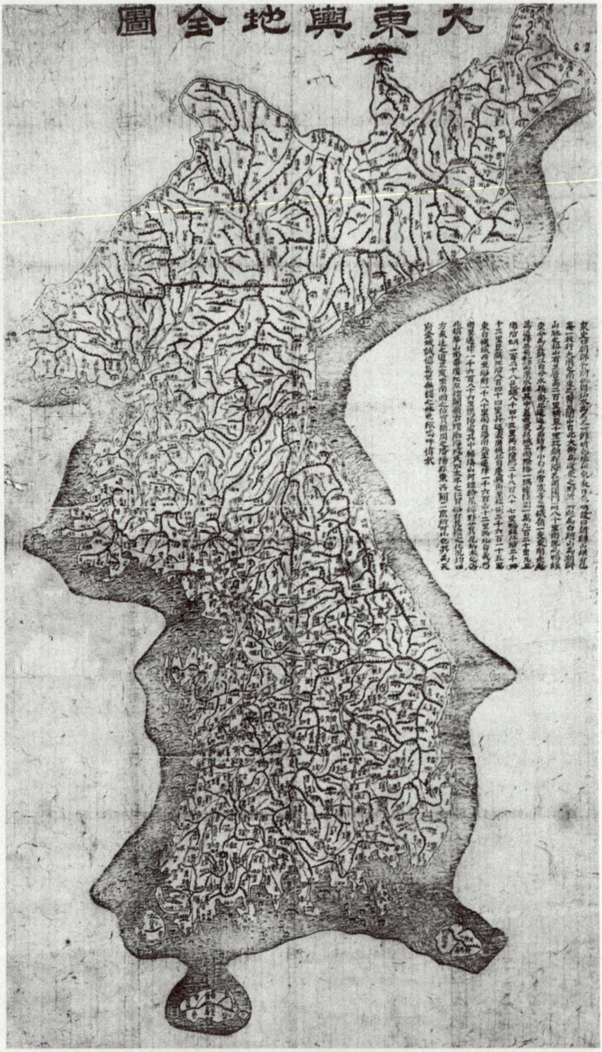

대동여지전도 1861년 김정호가 대동여지도를 축소하여 제작한 우리나라 전도로 알려져 있다

천자는 안으로는 만국을 어루만지고 밖으로는 사이四夷(주변 나라)에 군림하니 가지와 줄기의 강하고 약한 구분, 변방과 중심이 무겁고 가벼운 형세를 몰라서는 안 된다. 재상은 천자를 도와 나라를 경영하니 무릇 변방의 이롭고 병이 되는 곳, 군사를 조치하는 방법 등을 몰라서는 안 된다. 모든 중앙 기구는 천자를 위해 백성의 일을 종합해 다스리니 재부의 나옴과 군국의 소용되는 모든 것을 몰라서는 안 된다. 감사와 수령은 천자에게서 민사를 기탁받았으니, 강역의 뻗고 섞임과 산택의 솟음과 고임 그리고 무릇 갈이하고 뽕 심을 때의 수리의 이로움, 민정과 풍속의 다스림을 모두 몰라서는 안 된다. 사민이 일을 하려 왕래할 적에 무릇 수륙의 험하고 평탄 함과 나가고 피하는 실상을 모두 몰라서는 안 된다. 세상이 어지러 우면 이를 이용해 외침이나 강폭의 무리를 막을 수 있는 방법, 시 절이 평화로우면 이를 가지고 나라를 경영하고 인민을 다스리는 방책을 우리의 서책에서 취해야 한다.

「방여기요」는 「독사방여기요讀史方輿紀要」를 줄인 이름인데 청 나라 고조우가 편찬한 지지이다. 여기에는 여러 역사책에 나온 역대 주성州城의 형세, 산천과 들판의 구분과 험이, 지명의 변천 등을 망라해 담았다. 아마 김정호는 이 책의 내용을 많이 참고하 고 방법을 찾은 것으로 보인다.

그는 이 지도가 단순한 용도가 아니라 나라를 다스리는 여러 정책과 방안을 찾을 수 있는 길잡이라 생각한 것이다. 그런데 그 는 왜 자신의 견해를 쓰지 않고 중국 지리서의 말을 인용한 것일까? 그는 관찬의 지도를 만든 것이 아니라 개인이 만든 탓에 조심스러웠을 것이다.

그 뒤 우리나라의「문헌비고文獻備考」등 전적에 표시된 거리를 이里로 표시했는데, 끝에 압록강 연안 2,034리, 두만강 연안 844리라고 해 작은 단위까지 적고 있다. 그러고 나서「경조오부도京兆五部圖(서울 지도)」와 서울에 배치된 관서·방리·사원·산천의 이름을 표시했다.

이것을 모두 맞붙여놓으면 도로와 산과 들과 강이 연결되고 각 지역의 위치가 그대로 드러나게 된다. 곧 오늘날의 우리나라 전도와 거의 같다. 그러므로 당시에는 이 지도만 펼쳐놓으면 여행은 물론 중앙의 행정, 군대의 작전계획 등에 일목요연하게 이용할 수 있었다.

이를 통해 그의 지도 또는 지리서 제작의 의도를 알 수 있다. 곧 첫째 군사 목적에 필요하며, 둘째 조세·농사 등 일반정책에 이용할 수 있고, 셋째 지방의 풍속·민정을 잘 살필 수 있다.

1862년에 이 지도를 판각해냈으나 나라에서 어떻게 이용했는지는 전혀 알려져 있지 않다. 벼슬아치들은 도통 관심을 보이지 않았던 것으로 보인다.

고난의 역정과 죽음의 의문

김정호는 서울 동대문 밖 용두동 또는 마포 공덕리에 살았다고 전해진다. 예전의 용두동은 백정 같은 천인들이 모여 살던 곳이요, 예전의 공덕리는 장사치나 하층민들이 살았던 곳이다. 그러니 생업을 버리고 살았던 그가 가난했을 것은 뻔한 일이다. 딸이 이 지도 작업을 힘껏 도왔다는 말도 전해진다.

이렇게 생계가 말이 아니었을 터인데도 그는 손수 제작한 지도를 판에 찍어냈다. 경비가 많이 드는 지도의 판형을 그가 어떻게 자금을 염출해서 만들었는지는 모르나 앞에서 소개한 인사들, 곧 그의 친구 최한기 등의 힘이 컸던 것으로 보인다.

그는 지도를 만들어서 당시 권세를 잡고 있던 흥선대원군에게 바쳤다고 한다. 그런데 흥선대원군은 "나라의 기밀이 누설될 위험이 있다"며 그를 옥에 가두어 문초했다는 이야기가 전해진다. 그리고 그가 만든 지도의 판각을 불살라버렸다고도 하고 문초를 받다가 옥중에서 죽었다고도 한다. 모두 확인할 수 없는 이야기이다. 당시에는 누구나 그의 지도를 간직하고 있었다고 하니 그의 이름이 널리 알려졌을 터인데 이와 관련된 기록도 거의 없다.

앞서 소개한 『이향견문록』의 저자 유재건은 중인으로 중인 인사의 일화를 많이 소개했다. 그는 김정호와 같은 시대에 살면서 그의 모습을 보았을 것이다. 그런데 그의 글을 보면 잡혀가서 죽었다는 이야기는 없다. 그리고 『철종실록』이나 『고종실록』은 물론 철종과 고종 당시 범죄자의 심문기록을 충실하게 모은 『추안급국안』에도 김정호와 관련한 기록은 전혀 보이지 않는다. 그러므로 김정호에 얽힌 고난의 이야기는 민중이 그를 전설적 인물로 만들기 위해 지어 퍼뜨린 것으로 보인다.

그런데 1934년 조선총독부에서 감독해 발행한 『조선어독본朝
鮮語讀本』에 그가 옥사했다는 이야기를 실어 마치 정설인양 가르
쳐서 더욱 널리 퍼진 것으로 보인다. 교과서인데도 전설이라고
밝히지도 않아 사실인양 받아들이게 된 것이다.

또 어떤 사람은 일제 때 흥선대원군의 쇄국정책을 깎아내리려
지어냈다고도 말한다.

한동안 필자는 김정호의 생애에 관한 기록을 찾기 위해 여러
자료를 뒤져보았다. 그의 교우관계와 가문을 추적해 찾아보았지
만 이삭줍기 수준에 지나지 않았다. 이것은 조정에서 그만큼 그
의 공을 인정해주지 않았다는 뜻이리라. 묵은 선비들의 시구 따
위는 수없이 널려 있는데도 말이다.

한편 그의 지도를 제대로 써먹은 것은 엉뚱하게도 우리나라를
침략한 일본 군대였다. 1894년 청일전쟁이 일어났을 적에 일본
군대는 「대동여지도」를 입수해 군수물자의 수송, 군사작전 등에
활용했다. 어찌하여 이렇게 되었는가? 만일 나라에서 그의 지도
를 찍어 관가나 일반에게 널리 돌려 이용하게 했더라면 그 효과
는 굳이 말하지 않아도 알 만하다. 더욱이 19세기 말 일제와 맞
서 의병을 일으킬 적에 의병의 손에 이 지도가 들려 있었더라면
그들에게 큰 도움을 주었을 터인데, 이것을 의병들이 이용했다
는 기록은 어디에도 없다.

오늘날 우리는 자기희생으로 이룩한 그의 공적을 곰곰이 되씹
어보며 이런 인물을 역사 속에 파묻히게 한 그 시대의 잘못을 반
성해야 할 것이다.

　지금 「대동여지도」 판본은 숭실대학교와 성신대학교에서 보관하고 있으며 동대문 밖에 그가 살았다는 거리를 '고산자로'라 이름 지어 그를 기억하게 하고 있다.